中小微企业经济金融问题研究

禹华意◎著

中国商务出版社
·北京·

图书在版编目（CIP）数据

中小微企业经济金融问题研究／禹华意著. -- 北京：
中国商务出版社，2024.9. -- ISBN 978-7-5103-5415-1

Ⅰ. F279.243

中国国家版本馆 CIP 数据核字第 2024KS8673 号

中小微企业经济金融问题研究

禹华意◎著

出版发行：中国商务出版社有限公司

地　　址：北京市东城区安定门外大街东后巷 28 号　邮　　编：100710

网　　址：http://www.cctpress.com

联系电话：010—64515150（发行部）　　010—64212247（总编室）

　　　　　010—64515164（事业部）　　010—64248236（印制部）

责任编辑：薛庆林

排　　版：北京天逸合文化有限公司

印　　刷：宝蕾元仁浩（天津）印刷有限公司

开　　本：710 毫米×1000 毫米　1/16

印　　张：13.5　　　　　　　　　　字　　数：200 千字

版　　次：2024 年 9 月第 1 版　　　　印　　次：2024 年 9 月第 1 次印刷

书　　号：ISBN 978-7-5103-5415-1

定　　价：79.00 元

前　言

在当今全球化的经济浪潮中，中小微企业以其灵活性、创新性及快速响应市场变化的能力，逐渐成为推动社会经济发展的重要力量。它们是国家经济增长的引擎，是吸纳就业的主力军，更是科技创新和产业升级的摇篮。然而，在激烈的市场竞争中，中小微企业也面临着诸多问题，尤其在经济金融方面，这些问题直接关系到企业的生存和发展。

中小微企业在金融资源获取上往往处于弱势地位。由于规模相对较小、信用记录不完善、抵押物不足等，它们很难从传统金融机构获得足够的融资支持。资金短缺不仅限制了企业的研发投入和市场拓展，还可能导致企业错失发展良机。因此，深入探讨中小微企业的融资难题，寻求有效的解决方案，对于促进企业健康成长具有重要意义。除了融资难，中小微企业在财务管理方面也存在诸多不足。许多企业缺乏专业的财务管理团队和健全的财务制度，导致资金使用效率低下，甚至出现资金流失和浪费的现象。财务管理的不规范不仅影响企业的日常运营，还可能引发财务风险，威胁企业的长期稳定发展。因此，提升中小微企业的财务管理水平，实现资金的高效利用，是当前亟待解决的问题。

本书共分为八章，首先对中小微企业的定义、特点以及企业的融资需求等进行了阐述，并分析了中小微企业的融资理论，对于中小微企业来说，融资是最大的金融问题，因此本书从多个方面对中小微企业的融资的模式做出了详细解释，并对中小微企业的融资现状以及影响因素展开了深入的分析，以贵州为例，分析了其金融市场的发展、经济环境以及法律政策等多个方面的外部因素以及企业内部因素，探讨各种因素对中小微企业产生的影响，对贵州中小微企业的融资能力提升提出了行之有效的建议。中小微企业作为国民经济的重要组成部分，对经济增长、就业创造和社会稳定具有不可替代的作用。然而，中小微企业在经济金融方面，面临着诸多挑战和困境。本书旨在深入探讨中小微企业的经济金融问题，为相关政策制定和实践操作提供有益的参考，进而推动中小微企业的健康发展，为经济增长注入更多活力。

作　者
2024. 5

目　录

第一章　中小微企业概述　/ 001

第一节　中小微企业的定义与特点　/ 001

第二节　中小微企业在经济发展中的作用　/ 009

第三节　中小微企业融资需求的特点　/ 017

第四节　中小微企业的融资渠道及存在的问题　/ 025

第二章　中小微企业融资理论　/ 038

第一节　静态权衡理论　/ 038

第二节　融资次序理论　/ 045

第三节　代理理论　/ 049

第四节　生命周期理论　/ 058

第五节　金融抑制理论　/ 063

第三章　中小微企业融资的模式分析　/ 070

第一节　中小微企业外源融资：债权融资　/ 070

第二节　中小微企业外源融资：股权融资　/ 080

第三节　中小微企业的内源融资　/ 085

第四节　中小微企业融资的障碍与排除途径分析　/ 092

第四章　中小微企业融资现状分析　/ 097

　　第一节　融资需求与融资难度　/ 097

　　第二节　融资渠道　/ 103

　　第三节　金融市场与产品创新　/ 107

第五章　影响中小微企业融资的因素　/ 112

　　第一节　企业层面的原因　/ 112

　　第二节　国家层面的原因　/ 120

　　第三节　银行层面的原因　/ 125

第六章　贵州中小微企业融资的外部环境分析　/ 133

　　第一节　贵州金融市场的发展对中小微企业融资的影响　/ 133

　　第二节　贵州地区经济环境对中小微企业融资的制约与机遇　/ 139

　　第三节　贵州中小微企业融资的法律与政策环境　/ 148

第七章　贵州中小微企业融资的内部环境分析　/ 159

　　第一节　企业自身素质与信用状况　/ 159

　　第二节　抵押与担保能力　/ 164

　　第三节　经营管理与市场竞争力　/ 170

第八章　贵州中小微企业融资能力提升　/ 177

　　第一节　贵州中小微企业融资的现状与问题　/ 177

　　第二节　金融创新助力贵州中小微企业融资　/ 180

　　第三节　信贷风险管理与防范措施　/ 186

　　第四节　提升贵州中小微企业融资能力的策略　/ 193

　　第五节　贵州中小微企业融资与财务管理的结合　/ 199

参考文献　/ 205

第一章　中小微企业概述

第一节　中小微企业的定义与特点

一、中小微企业的定义

中小微企业是小型企业、微型企业、家庭作坊式企业以及个体工商户的统称，它们是中国经济的重要组成部分，虽然这些企业在人员规模和经营规模上相对较小，但正是这些看似微小的经济个体，汇聚成了推动国家经济发展的不可忽视的力量。当谈论中小微企业时，首先要明确它们的划分标准。这不仅是一个理论问题，更是政策制定、资金扶持等实际操作的基础。在中国，中小微企业的划分主要基于三个关键指标：企业的从业人员数量、营业收入以及资产总额。这种划分方式综合考虑了企业的人力资源、经营能力以及经济实力，能够更全面地反映企业的实际状况。除了这些量化指标，行业的特点也是一个重要的考量因素。不同行业的企业，即使人员规模和营业收入相同，其经营难度和风险也可能大相径庭。以农、林、牧、渔业为例，这些行业的企业往往受到自然环境、气候变化等多种不可控因素的影响，因此，在划定中小微企业时，需要充分考虑这些行业的特殊性。在农、林、牧、渔业中，营业收入在 20000 万元以下的企业通常被划分为中小微型企业。这一标准并非凭空而来，而是基于对该行业深入分析和研究得出的。这样的营业收入水平，大致反映了企业在该行业中的经营规模和市场份额。这些企业可能拥有一定的市场竞争力，但仍有很大的发展空间和潜力。

中小微企业在经济中的作用不可忽视。它们为经济增长贡献了重要力量，是创新和就业的重要源泉。特别是在当前经济形势下，中小微企业的发展对于稳定经济增长、促进就业、推动创新具有十分重要的意义。然而，这些企业也面临着诸多挑战，如资金短缺、市场竞争力弱、管理水平不高等问题。因此，政府和社会应该给予更多的关注和支持，为它们提供良好的发展环境。值得一提的是，虽然中小微企业在规模上相对较小，但并不意味着它们没有发展潜力或市场前景。相反，很多中小微企业通过不断创新和改进，逐渐发展成为行业内的佼佼者。这些企业的成功，不仅为自身带来了可观的经济效益，也为整个行业的发展注入了新的活力。

二、中小微企业的特点

（一）经营灵活且适应性强

1. 快速响应市场变化的能力

当市场环境发生变化时，中小微企业能够迅速捕捉到市场动态，及时调整经营策略，以适应新的市场趋势。这种快速响应市场变化的能力，使中小微企业在面对复杂多变的市场环境时，能够迅速抓住机遇，规避风险。例如，当市场上出现新的消费需求或趋势时，中小微企业可以迅速调整产品线，推出符合消费者口味的新产品，从而抢占市场先机。相比之下，大型企业由于规模庞大、组织结构复杂，往往在决策和执行上存在一定的滞后性，难以像中小微企业那样迅速适应市场变化。此外，中小微企业的灵活性还体现在对市场需求的敏锐洞察上。这些企业通常与消费者保持着更紧密的联系，能够更准确地把握消费者的需求和偏好。因此，在产品开发、营销策略等方面，中小微企业能够更精准地满足消费者的期望，提升市场竞争力。

2. 灵活调整经营策略的能力

中小微企业在经营过程中，往往需要根据市场环境的变化灵活调整经营策略。这种灵活性不仅体现在产品开发和营销策略上，还涉及供应链管理、成本控制等多个方面。在供应链管理方面，中小微企业可以根据市场需求的变化，灵活选择供应商和合作伙伴，以确保供应链的稳定性和高效性。同时，它们还可以根据销售数据和市场反馈，及时调整库存水平，避免库存积压和资金占用。在成本控制方面，中小微企业通常具有更强的成本意识和管理能力。它们能够根据经营状况和市场环境，灵活调整成本结构，降低不必要的开支，提高盈利能力。这种灵活的成本控制能力，使中小微企业在面对经济波动和市场风险时具有更强的抵御能力。

3. 创新能力和学习能力的体现

中小微企业的经营灵活性和适应性还体现在其强大的创新能力和学习能力上。由于规模较小，这些企业往往更加注重创新，以寻求在市场上的突破口。它们敢于尝试新的商业模式、营销策略和产品创新，以满足消费者日益多样化的需求。同时，中小微企业也具备较强的学习能力。它们能够从市场反馈中不断学习和改进，不断优化自身的经营模式和管理方法。这种学习能力使中小微企业能够在不断变化的市场环境中保持领先地位，实现可持续发展。例如，一些中小微企业通过与科研机构或高校合作，引进先进的技术和理念，提升自身的创新能力和市场竞争力。还有一些企业通过参加行业展会、交流会等活动，了解行业动态和市场趋势，以便及时调整经营策略和方向。

（二）专注于细分市场

1. 资源集中，深耕细分市场

中小微企业在资源上相较于大型企业往往存在明显的劣势，如资金、人才和技术等方面的限制。因此，它们更倾向于将有限的资源集中投入某一细分市场，以实现资源的最大化利用。这种策略的选择，不仅避免了与大型企业在广泛市场上的直接竞争，还能通过深耕细分市场，更精确地满足特定消费者群体的需求。例如，某些中小微企业专注于生产某一类型的配件或提供某种特定的服务。它们通过深入研究该细分市场的消费者需求、行业趋势和竞争格局，制定出更符合市场需求的产品策略和服务模式。这种资源集中的策略，使中小微企业能够在细分市场上快速积累经验和口碑，从而稳固自己的市场地位。

2. 持续改进，提升产品品质

专注于细分市场的中小微企业深知，产品品质是企业生存和发展的根本。因此，它们会投入大量的精力和资源在产品品质的持续改进上。这不仅包括提升产品的功能性、耐用性和安全性等核心指标，还涉及优化产品设计、提升用户体验等方面。为了实现产品品质的持续提升，中小微企业可能会加强与优秀企业的交流与合作，引进先进的技术和管理经验。同时，它们还会积极收集用户反馈，及时调整产品策略，以满足消费者日益增长的品质需求。这种对产品品质的极致追求，使中小微企业在细分市场上获得了良好的口碑和品牌形象，进一步巩固了它们的市场地位。

3. 提高生产效率，降低成本

在专注于细分市场的策略下，中小微企业还致力于提高生产效率，以降低生产成本并提升市场竞争力。它们通过引进先进的生产技术和管理理念，优化生产流程，减少不必要的浪费和损耗。同时，中小微企业还会加强与供应商的合作与沟通，确保原材料的稳定供应和成本控制。提高生产效率不仅有助于降低生产成本，还能提升产品的交付速度和客户满意度。这对于中小微企业来说至关重要，因为它们往往需要在有限的市场空间内与大型企业竞争。通过提高生产效率并降低成本，中小微企业能够在价格上获得更大的竞争优势，从而吸引更多的消费者并保持稳定的市场份额。此外，专注于细分市场的中小微企业还注重创新和研发投入。它们深知只有不断创新和改进才能保持市场竞争优势并满足消费者的多样化需求。因此这些企业会投入一定的资源进行产品研发和设计创新以提升产品的附加值和竞争力。

（三）经营范围广泛且行业齐全

1. 经营范围的广泛性

中小微企业的经营范围十分广泛，几乎涵盖了国民经济的各个领域。在制造业中，它们可以从事食品加工、纺织服装、机械制造等各个细分领域的生产和销售。在服务业中，中小微企业则涉足了餐饮、旅游、物流、教育、医疗等行业。此外，在文化、艺术和科技领域，中小微企业也发挥着重要的作用，如软件开发、影视制作、广告设计等。这种经营范围的广泛性，使中小微企业能够灵活地适应市场需求，满足社会生产和人们日常生活中的多样化需求。例如，在社区服务中，中小微企业可以提供家政服务、维修服务、快递配送等，为居民生活带来极大的便利。在农业生产中，它们则可以为农民提供种子、化肥、农机等农业生产资料，支持农业的发展。

2. 行业齐全，门类丰富

中小微企业的经营领域广泛，行业齐全，具有门类丰富的特点。这些企业涵盖了国民经济的各个行业，从传统的农业、工业到现代服务业，无所不包。在每一个行业内，中小微企业又进一步细分为多个子行业，从而形成了更加完善的行业体系。例如，在制造业中，中小微企业可以从事汽车零部件制造、电子设备生产、家具制造等。在服务业中，它们则可以细分为餐饮服务、旅游服务、教育培训等。这种行业的齐全性和门类的丰富性，使中小微企业能够更全面地满足市场需求，推动社会经济的发展。

3. 点多面广，服务社会

中小微企业的数量众多，分布广泛，形成了点多面广的特点。无论是在城市还是农村，无论是在发达地区还是欠发达地区，都能见到中小微企业的身影。这些企业深入社会的各个角落，为当地居民提供着各种产品和服务。这种点多面广的特点，使中小微企业在服务社会方面发挥着重要的作用。它们为当地居民提供了大量的就业机会，缓解了就业压力。同时，中小微企业还通过提供各种产品和服务，满足了人们的日常生活需求，提高了生活质量。此外，这些企业还在推动地方经济发展、促进社会稳定等方面做出了积极的贡献。中小微企业经营的广泛性和行业的齐全性不仅体现在对国民经济的全面覆盖上，还体现在对市场和消费者需求的敏锐洞察和快速响应上。这些企业能够紧跟市场趋势，及时调整经营策略，满足消费者的多样化需求。例如，随着人们对健康饮食的关注度不断提高，越来越多的中小微企业开始涉足健康食品领域，推出各种低糖、低脂、高纤维的健康食品，满足了消费者的健康需求。同时，中小微企业的经营灵活性和创新性也是其经营范围广泛和行业齐全的重要保障。这些企业规模较小，组织结构扁平化，决策效率高，能够快速适应市场变化。它们还注重创新，不断推出新产品和服务，以满足消费者的新需求。这种灵活性和创新性使中小微企业能够在激烈的市场竞争中立足，并不断拓展其经营范围和行业领域。

（四）创新能力强

1. 创新是中小微企业发展的核心驱动力

对于中小微企业而言，创新是其发展的核心驱动力。在竞争激烈的市场环境中，中小微企业若想立足，就必须持续推出新颖、有竞争力的产品或服务。这种迫切的生存需求促使中小微企业更加注重创新。与大型企业相比，它们没有庞大的组织架构和复杂的决策流程，因此能够更加迅速地对市场变化做出反应，及时调整创新方向。例如，在某个新兴技术领域，一家中小微企业可能凭借一项关键技术的创新，迅速占领市场先机，实现快速成长。这种灵活性和创新力，使中小微企业在科技创新方面展现出独特的优势。

2. 中小微企业的创新活动推动了技术进步和产业升级

中小微企业的创新活动不仅推动了自身的快速发展，更为整个行业的技术进步和产业升级做出了重要贡献。许多颠覆性的新技术和革命性的产品都源自中小微企业的创新实践。这些创新成果不仅为消费者带来了更好的体验和价值，还引领了整个行业的发展方向。以科技行业为例，许多中小微企业在人工智能、大数据、云计算等领域取得了显著的创新成果。这些技术的突破和应用，不仅提升了企业的核心竞争力，还为整个科技产业的进步奠定了基础。

3. 中小微企业的创新文化促进了人才聚集和培养

中小微企业的创新能力强还得益于其独特的创新文化。这些企业通常注重员工的创造力和自主性，鼓励员工勇于尝试、敢于失败。这种开放、包容的创新环境吸引了大量的创新型人才。同时，中小微企业也为这些人才提供了广阔的发展空间和机会，使他们能够在实践中不断成长和进步。这种创新文化不仅激发了员工的创造力和创新精神，还为企业培养了大量的创新人才。

这些人才在中小微企业的创新活动中发挥了关键作用，为企业的持续发展提供了源源不断的动力。值得一提的是，中小微企业的创新并不仅仅局限于技术和产品层面。在商业模式、营销策略、管理方式等方面，也展现出强大的创新能力。它们敢于打破传统，尝试新的商业模式和营销策略，以满足市场的不断变化和消费者的多样化需求。这种全面的创新能力使中小微企业在各个领域都能取得突破性的进展。然而，中小微企业在创新过程中也面临着诸多挑战和风险。由于资源有限，它们需要在创新投入和风险控制之间找到平衡点。同时，市场竞争激烈，知识产权保护问题也日益凸显。因此，中小微企业在加强自主创新的同时，也需要积极寻求外部合作与支持，以实现资源共享和优势互补。

（五）抵御风险能力较差

1. 中小微企业抵御风险能力的现状

中小微企业的规模相对较小，资金储备有限。这使它们在面对市场波动、原材料价格上涨、人工成本增加等不利因素时，难以像大型企业那样拥有足够的财务缓冲。一旦遭遇经营困境，这些企业很容易陷入资金链断裂的危机。许多中小微企业在管理上可能不够成熟，缺乏长远规划和战略眼光。当市场环境发生急剧变化时，它们可能难以及时调整经营策略，导致应对风险的能力不足。此外，一些企业可能过于依赖单一客户或市场，一旦这个客户或市场出现问题，企业的整个经营就会受到严重影响。与大型企业相比，中小微企业在获取外部资源和支持方面往往处于劣势。例如，它们可能难以获得银行贷款、政府补贴或其他形式的金融支持。这种支持的缺乏进一步削弱了它们抵御风险的能力。

2. 提高中小微企业抵御风险能力的策略

中小微企业应首先加强自身的财务管理，确保财务状况的透明和健康。同时，它们应努力增加资金储备，以应对可能出现的经营困境。这可以通过提高盈利能力、降低运营成本、优化库存管理等方式实现。为了提高抵御风险的能力，中小微企业需要不断完善内部管理，提升运营效率。同时，它们还应制定长远的发展规划，明确战略目标，并根据市场变化及时调整经营策略。通过多元化市场布局、拓展产品线等方式，降低对单一客户或市场的依赖，从而分散风险。中小微企业应积极寻求外部支持与合作机会。这包括争取政府补贴、税收优惠等政策支持，以及与大型企业、行业协会等建立合作关系。通过资源共享、优势互补，中小微企业可以更好地应对市场风险，提升自身的竞争力。

3. 政府与社会的支持作用

除了中小微企业自身的努力，政府和社会各界也应给予必要的支持和帮助。同时，还可以搭建公共服务平台，为中小微企业提供市场信息、技术咨询等支持。社会各界也可以通过捐款、捐物等方式，帮助中小微企业渡过难关。中小微企业抵御风险能力较差的问题是一个复杂的系统工程，需要企业、政府和社会各方的共同努力。通过加强财务管理、完善战略规划、寻求外部支持与合作以及争取政府和社会的支持等措施，中小微企业可以逐步提升自身的抵御风险能力，实现更加稳健和可持续的发展。这不仅有助于保护这些企业的生存和发展，也对整个社会经济的稳定和繁荣具有重要意义。

（六）资金薄弱且筹资能力差

1. 中小微企业资金薄弱的现状

在创立初期和运营过程中，资金问题一直是中小微企业的软肋。这些企业通常没有雄厚的资本积累，且在日常运营、扩大生产、市场推广等方面都需要大量的资金投入。然而，由于规模相对较小、经营历史较短，它们的信用记录往往不够完善，这使得传统的金融机构如银行在提供贷款时持谨慎态度。此外，中小微企业在管理、技术和市场等方面的不足，也增加了其经营风险，进一步影响了其资金筹措能力。因此，这些企业经常面临资金短缺的困境，甚至有时因资金链断裂而被迫停业。

2. 中小微企业筹资能力差的原因

中小微企业在筹资方面面临的困难，除了上述的资金薄弱因素，还有其深层次的体制和机制问题。首先，传统的融资渠道如银行贷款，通常更倾向于向大型企业或国有企业提供资金支持，因为它们的信用评级更高，还款能力更强。而中小微企业由于规模较小、经营风险较高，往往难以满足银行的贷款条件。其次，中小微企业在信息披露和财务管理方面的不规范，也增加了其筹资难度。许多企业缺乏专业的财务团队和透明的财务报告制度，这使外部投资者难以准确评估其经营状况和未来发展潜力。最后，政策环境的不完善也是影响中小微企业筹资能力的一个重要因素。近年来，虽然政府出台了一系列支持中小微企业发展的政策措施，但在政策落实和执行过程中仍存在诸多障碍和瓶颈。

3. 解决中小微企业资金问题的策略

为了缓解中小微企业的资金压力，提升其筹资能力，可以从以下几个方面入手：除了传统的银行贷款，中小微企业还可以考虑通过股权融资、债券发行、众筹等多元化融资方式来筹集资金。这些方式不仅可以降低企业的财务风险，还能吸引更多的外部投资者参与企业的发展。中小微企业应注重提升自身的管理水平和市场竞争力，通过技术创新、品牌推广等手段提高自身的盈利能力。同时，建立完善的财务管理制度和信息披露机制，增强企业的透明度和可信度，以便更好地吸引外部投资。政府应继续加大对中小微企业的扶持力度，完善相关政策法规，降低企业的创业和运营成本。例如，可以设立中小微企业发展专项资金，提供税收优惠等政策措施来支持企业的发展。此外，还应加强政策宣传和培训服务，帮助企业更好地了解和利用相关政策资源。

第二节　中小微企业在经济发展中的作用

一、经济增长的重要推动力

（一）中小微企业是财富和价值的主要创造者

中小微企业通过生产和销售商品、提供服务，创造了大量的财富和价值，对国内生产总值（GDP）的增长做出了巨大贡献。这些企业虽然规模较小，但数量众多，遍布各个行业和领域，为社会提供了丰富的产品和服务。无论是制造业、服务业还是高科技产业，中小微企业都扮演着重要角色。它们通过不断创新和改进，提高了生产效率，降低了成本，从而为消费者提供了更多物美价廉的商品和服务。此外，中小微企业还是税收的重要来源。它们通过合法的经营活动，为国家缴纳了大量的税款，这些资金被用于公共服务和基础设施建设，进一步促进了社会的繁荣和发展。因此，可以说中小微企业是经济增长的基石，它们通过创造财富和价值，直接推动了经济的增长。

（二）中小微企业的灵活性和创新性引领经济发展

中小微企业的灵活性和创新性是其成为经济增长重要推动力的关键因素。与大型企业相比，中小微企业通常更加灵活，能够迅速调整经营策略以适应市场变化。这种灵活性使中小微企业能够在竞争激烈的市场环境中脱颖而出，抓住商机并迅速扩大市场份额。同时，中小微企业也是创新的重要源泉。由于规模较小，它们更容易接受新事物、新观念，并勇于尝试和创新。许多颠覆性的技术和商业模式都源自中小微企业的创新实践。例如，许多科技型的中小微企业在互联网、人工智能、生物技术等领域取得了重大突破，推动了相关产业的发展和升级。因此，中小微企业的灵活性和创新性不仅使其能够在市场中立足，还引领了经济的发展方向，为经济增长注入了新的动力。

（三）中小微企业推动产业升级和结构调整

随着经济全球化的加速和科技的不断进步，产业结构调整和升级已成为各国经济发展的必然趋势。在这个过程中，中小微企业发挥了重要作用。它们通过引入新技术、新工艺和新产品，推动了传统产业的改造和升级。同时，中小微企业还积极参与新兴产业的发展，为经济增长培育了新的增长点。以制造业为例，中小微企业通过引进先进的生产技术和管理经验，提高了生产效率和产品质量，推动了制造业的转型升级。在服务业领域，中小微企业也发挥了重要作用。它们通过提供个性化、多样化的服务，满足了消费者日益增长的需求，推动了服务业的快速发展。此外，中小微企业还在推动农业现代化、促进区域均衡发展等方面发挥了积极作用。它们通过参与农村电商、乡村旅游等新兴业态的发展，为农村地区带来了新的经济增长点。同时，中小微企业在不同地区的分布也较为均衡，有助于缓解地区经济发展不平衡的问题。

二、促进就业的主要渠道

（一）中小微企业为大量劳动力提供就业机会

中小微企业数量众多，且多为劳动密集型企业，因此它们天然具有吸纳大量劳动力的能力。这些企业遍布各行各业，从制造业到服务业，从高科技产业到传统产业，都活跃着中小微企业的身影。它们为不同技能水平、不同教育背景的劳动者提供了大量的就业机会，有效缓解了社会的就业压力。特别是在经济下行时期，大型企业可能面临经营困难，招聘需求减少，而中小微企业则因其灵活性和适应性，往往能够逆流而上，成为吸纳新增就业和再就业的重要力量。它们能够及时调整经营策略，适应市场变化，从而在经济波动中保持稳定的发展态势，为劳动者提供更多的就业机会。

（二）中小微企业是经济下行时期的就业稳定器

在经济下行时期，中小微企业的就业吸纳能力尤为突出。大型企业可能因为经济环境的不稳定而缩减规模，减少员工数量，而中小微企业则因其规模小、运营灵活，更容易在经济波动中保持稳健的发展。它们能够快速调整业务方向，寻找新的市场机会，从而在经济下行时期保持甚至增加就业岗位。此外，中小微企业还常常成为政府推动就业政策的重要载体。政府通过扶持中小微企业的发展，鼓励其吸纳更多的劳动力，特别是失业人员和高校毕业生等就业困难群体。这些政策不仅有助于缓解社会的就业压力，还能促进中小微企业的健康发展。

（三）中小微企业提供低门槛的创业平台

中小微企业的创业门槛相对较低，这为许多有志于创业的人士提供了实现梦想的平台。相比大型企业，中小微企业的创立成本更低，运营更灵活，这使更多的人有机会实现自己的创业梦想。这些创业企业不仅为创业者自身提供了就业机会，还为周边人群创造了更多的工作岗位。同时，中小微企业的创业活动还营造了社会的创新创业氛围。它们敢于尝试新的商业模式、新的技术应用，为市场带来新的活力和机遇。这种创新创业的精神不仅有助于推动经济的发展，还能激发更多人的创业热情，形成良性的创业生态。

三、激发创新活力的源泉

（一）中小微企业更易于接受新事物、新观念

中小微企业的规模较小，这使它们在决策和执行过程中更加灵活迅速。相比大型企业，中小微企业往往没有庞大的层级结构和烦琐的决策流程，因此能够更快地适应市场变化，及时捕捉并接受新事物、新观念。这种灵活性使中小微企业在创新方面具有天然的优势，能够迅速响应市场需求，开发出符合消费者期望的新产品或服务。同时，中小微企业的创始人或管理者通常具有丰富的行业经验和敏锐的市场洞察力。他们更容易识别出市场中的创新机会，并敢于尝试新的商业模式和经营策略。这种勇于尝试的精神是中小微企业创新活力的重要来源，也是推动其不断发展的重要动力。

（二）中小微企业的创新实践引领行业进步

中小微企业在创新实践中展现出了惊人的活力和创造力。许多颠覆性的技术和商业模式都源自中小微企业的创新尝试。这些创新不仅为企业自身带来了竞争优势，也为整个行业的进步做出了重要贡献。例如，在互联网、电子商务、人工智能等新兴领域，众多中小微企业通过技术创新和商业模式创新，打破了传统行业的束缚，为消费者提供了更加便捷、高效的服务。这些创新实践不仅推动了相关产业的发展，还为整个经济体系的转型升级提供了强大的动力。此外，中小微企业的创新活动还具有很强的示范效应。它们的成功实践往往能够激发其他企业的创新热情，推动整个行业形成良性竞争的

氛围。这种竞争不仅有助于提升行业整体的技术水平和服务质量，还能为消费者带来更多的选择和更好的体验。

（三）中小微企业推动科技成果转化和应用

中小微企业在科技成果转化和应用方面也发挥着重要作用。许多中小微企业与高校、科研机构等建立了紧密的合作关系，共同推动科技成果的转化和应用。这些企业通过与科研机构合作，将最新的科技成果引入实际生产中，为消费者提供更加优质的产品和服务。同时，中小微企业还通过自身的创新实践，不断完善和优化科技成果的应用方式。它们在实际生产过程中积累了丰富的经验，能够针对市场需求进行技术改进和创新，推动科技成果更好地服务于经济社会的发展。这种科技成果转化和应用的模式不仅有助于提升中小微企业的核心竞争力，还能为整个社会的科技进步和产业升级做出贡献。通过中小微企业的努力，越来越多的科技成果从实验室走向市场，为经济社会发展注入了新的活力。

四、培养企业家的摇篮

（一）中小微企业为创业者提供宝贵的实践机会

中小微企业为创业者提供了丰富的实践机会。在企业运营的过程中，创业者需要面对各种挑战和问题，如市场营销、财务管理、团队协作等。这些实际问题，迫使创业者不断学习、思考和应对。通过解决这些问题，创业者能够积累宝贵的实践经验，这是任何理论教育都无法替代的。例如，一位初创企业的创始人，在初创期可能需要亲自负责市场营销、客户服务、财务管理等多项工作。这种跨部门的实践经验，不仅让他对公司的整体运营有了更深入的了解，还培养了他全面的管理能力和敏锐的市场洞察力。

（二）中小微企业锻炼领导与团队管理能力

在中小微企业中，创业者往往需要扮演多重角色，这要求他们具备出色的领导和团队管理能力。由于企业规模相对较小，创业者通常需要直接参与团队管理，与员工保持紧密的沟通和协作。这种环境为创业者提供了锻炼领导才能的绝佳机会。在这个过程中，创业者需要学会如何激发团队成员的积极性和创造力，如何处理团队内部的冲突和问题，以及如何带领团队共同实现目标。这些经验对于创业者来说是无价的财富，为他们日后成为优秀的企业家奠定了坚实的基础。

（三）中小微企业拓宽商业视野与战略思维

中小微企业的运营和管理，要求创业者具备广阔的商业视野和战略思维。在市场竞争日益激烈的环境下，创业者需要密切关注行业动态和市场趋势，以便及时调整企业战略和业务模式。这种对市场的敏锐洞察力和快速应变能力，是企业家必备的重要素质。通过在中小微企业的实践，创业者能够接触到各种各样的商业案例和市场策略，从而拓宽自己的商业视野。同时，他们还需要学会如何制定并执行企业战略，以实现企业的长远发展。这些经验对于培养创业者的战略思维能力至关重要。

五、丰富市场供给的重要力量

（一）中小微企业提供多样化的产品和服务

中小微企业的一个重要特点就是其产品和服务的多样性。这些企业遍布国民经济的各个领域，从制造业到服务业，从传统产业到高新技术产业，几乎无所不包。它们生产和销售的产品种类繁多，既有日常生活用品，如食品、服饰、家居用品等，也有高科技产品，如电子设备、生物医药等。同时，它们还提供了包括咨询、教育、旅游等各种服务。这种多样化的产品和服务供给，使中小微企业能够满足不同消费者的不同需求。无论是追求性价比的消费者，还是追求品质和个性化的消费者，都能在中小微企业的产品和服务中找到满足自己需求的选择。这种多样化的供给不仅增加了市场的活力，也促进了消费者的福利提升。

（二）中小微企业满足消费者的多样化需求

随着社会的发展和人们生活水平的提高，消费者的需求也日益多样化。中小微企业凭借其敏锐的市场洞察力和灵活的经营策略，能够及时捕捉到这些变化并做出快速响应。它们通过不断创新和改进，提供了更加符合消费者期望的产品和服务。例如，在食品行业，中小微企业可以根据消费者的口味和营养需求，生产出各种口味独特、营养丰富的食品。在旅游行业，中小微企业可以提供更加个性化和定制化的旅游服务，满足消费者不同的旅游需求。这种对消费者需求的精准把握和满足，使中小微企业在市场竞争中占据了有利的地位。

（三）中小微企业推动市场竞争和产品质量的提升

中小微企业的存在和发展，加剧了市场竞争的激烈程度。为了争夺市场份额和消费者认可，这些企业不断提高自身的产品和服务质量。它们通过引进先进技术、加强研发创新、优化生产流程等方式，提升产品的性能和质量。同时，它们还注重品牌建设和营销推广，提高产品和服务的知名度和美誉度。这种竞争态势不仅有利于消费者获得更优质的产品和服务，还推动了整个行业的进步和发展。在中小微企业的推动下，市场上的产品和服务质量得到了整体提升，满足了消费者对高品质生活的追求。此外，中小微企业的灵活性和创新力也推动了市场的变革。它们敢于尝试新的商业模式和营销策略，引领市场潮流，为消费者带来全新的购物体验。这种创新精神不仅为消费者提供了更多的选择，也激发了市场的活力和创造力。

六、社会稳定的重要基石

（一）提供就业机会，缓解就业压力

中小微企业是吸纳就业的重要渠道。随着经济的发展和产业结构的调整，大型企业逐渐聚焦于核心业务，而中小微企业在提供就业方面的作用日益凸显。它们为大量的劳动力提供了就业机会，包括刚毕业的大学生、农村转移劳动力、下岗再就业人员等，有效缓解了社会的就业压力。特别是在经济不景气或就业形势严峻的时期，中小微企业更是成为"就业蓄水池"。它们通过创造更多的就业岗位，帮助政府分担了部分就业压力，为社会的稳定和谐发挥了重要作用。此外，中小微企业的灵活性和创新性也为就业市场注入了活力。它们能够根据市场需求灵活调整业务方向和人员结构，为劳动者提供更多的就业机会和职业发展路径。这种灵活性不仅有助于企业自身的持续发展，也为劳动者提供了更多的选择和机会。

（二）创造财富和价值，推动社会繁荣

中小微企业是创造社会财富和价值的重要力量。它们通过提供多样化的产品和服务，满足了消费者的需求，同时也为企业自身创造了经济效益。这些财富和价值不仅为企业的持续发展提供了物质基础，也为社会的繁荣做出了贡献。中小微企业的创新活力和市场敏锐度，使它们能够迅速捕捉市场机遇，开发出符合消费者需求的新产品和服务。这些创新不仅推动了相关产业的发展，也为社会带来了更多的便利和福祉。例如，许多科技型的中小微企业通过技术创新和产品研发，为消费者提供了更加智能、便捷的产品和服务，极大地改善了人们的生活质量。同时，中小微企业的繁荣也带动了相关产业链的发展。它们与上下游企业建立了紧密的合作关系，共同推动了产业链的完善和升级。这种产业链的协同发展不仅提高了整个产业的竞争力，也为社会的繁荣和发展注入了新的动力。

（三）推动社会公平与进步，促进社会和谐

中小微企业的发展推动了社会的公平和进步。它们为不同阶层、不同背景的人士提供了创业和发展的机会，打破了阶层固化，促进了社会的流动和融合。在中小微企业中，具有不同背景的人士可以通过自己的努力实现创业梦想和人生价值。这种机会均等和公平竞争的环境有助于激发人们的积极性和创造力，推动社会的进步和发展。同时，中小微企业还通过参与社会公益

事业、承担社会责任等方式回馈社会。许多中小微企业在发展的同时不忘履行社会责任，积极参与慈善捐赠、教育支持等公益活动。这些行为不仅提升了企业的社会形象和价值观，也为社会的和谐发展做出了积极贡献。例如，在新冠疫情期间，许多中小微企业积极参与抗疫捐赠和志愿服务活动，为抗击疫情贡献了自己的力量。这种社会责任感和担当精神不仅体现了中小微企业的社会价值，也为社会的稳定和团结注入了正能量。

第三节　中小微企业融资需求的特点

一、融资需求规模小但频率高

（一）单次融资需求规模较小

中小微企业由于规模相对较小，其单次融资需求通常不大。这类企业的业务范围和市场规模有限，因此它们往往只需要满足短期内的运营、设备购置或市场推广等需求。这种小规模的融资需求与大型企业的大额融资形成了鲜明的对比。具体来说，中小微企业在运营过程中可能会遇到现金流紧张的情况，需要通过融资来补充流动资金，以确保企业的正常运转。此外，当企业需要购置新设备、扩大生产规模或者进行市场推广时，也会产生一定的融资需求。然而，由于企业规模较小，这些融资需求的金额也相对较小。这种小规模的融资需求对金融机构来说，可能意味着单笔业务的收益有限。因此，金融机构在为中小微企业提供融资服务时，更加注重成本控制和风险管理，以提高业务的盈利性。

（二）融资需求较为频繁

中小微企业经营灵活，市场机会多变，因此它们的融资需求也较为频繁。由于中小微企业通常处于快速发展阶段，需要不断抓住市场机遇，扩大业务规模，它们对资金的需求也较为迫切。当企业遇到合适的投资机会或者需要应对突发的市场变化时，就需要及时进行融资以支持企业的发展。此外，中小微企业的融资频繁性还与其经营特点有关。这类企业的业务规模较小，资金周转速度相对较快，需要频繁地进行融资以维持企业的正常运营。因此，金融机构需要建立完善的融资服务体系，提供快速、便捷的融资服务。

（三）对金融机构服务效率和响应速度的高要求

中小微企业的融资需求通常比较迫切，且融资金额相对较小，它们希望金融机构能够提供快速、便捷的融资服务，以满足其资金需求。因此，金融机构需要不断提高自身的服务效率和响应速度。具体来说，金融机构可以通过优化业务流程、提高审批效率、加强风险控制等方式来提升服务质量。同时，金融机构还可以利用科技手段，如大数据、人工智能等技术来提高融资服务的智能化水平，进一步提升服务效率和客户满意度。通过与企业的深度合作，金融机构可以更好地把握市场动态和企业需求，从而提供更加符合企业实际的融资解决方案。

二、缺乏足够的抵押物

（一）发展初期资产规模有限

中小微企业通常处于发展初期，这意味着它们的资产规模相对较小。在这一阶段，企业往往将大部分资源投入产品研发、市场推广和团队建设上，以期在激烈的市场竞争中脱颖而出。因此，它们的固定资产，如房地产、设备等，相对较少。而传统金融机构在评估贷款申请时，通常更倾向于企业将这些有形资产作为抵押，因为它们具有相对稳定的价值和易于处置的特性。然而，对于中小微企业来说，由于其资产规模有限，很难满足金融机构对抵押物的要求。这导致了许多有潜力、有市场前景的中小微企业因为缺乏足够的抵押物而难以获得传统金融机构的贷款支持。这种融资障碍不仅限制了企业的快速发展，甚至可能威胁到企业的生存。

（二）资产多以无形资产、存货或应收账款形式存在

除了资产规模有限，中小微企业的另一个特点是其资产多以无形资产、存货或应收账款等形式存在。这些资产虽然对企业的运营和发展至关重要，但在传统金融机构眼中，它们的价值往往难以准确评估，且流动性相对较差。因此，这些资产很难被金融机构接受作为贷款的抵押物。无形资产，如专利、商标和版权等，虽然代表了企业的技术创新和品牌价值，但它们的价值评估主观性强，且不易变现。存货和应收账款则受到市场需求、客户信用等多重因素的影响，其价值波动性较大。这些因素都增加了金融机构对中小微企业贷款的风险感知，从而加大了融资的难度。

（三）传统金融机构对抵押物的偏好

传统金融机构在放贷时更倾向于接受房地产、设备等有形资产抵押物。这主要是因为这些资产具有相对稳定的市场价值和较好的流动性，一旦贷款出现违约情况，金融机构可以通过处置这些抵押物来弥补损失。然而，这种偏好却与中小微企业的实际情况相悖。中小微企业在初创期和发展期，往往没有足够的有形资产来作为抵押物。这就形成了一个悖论：一方面，中小微企业需要资金支持来推动企业的发展和创新；另一方面，由于缺乏足够的有形资产作为抵押，它们很难从传统金融机构获得所需的贷款。这种融资困境成为制约中小微企业发展的一个重要因素。为了缓解中小微企业的融资难题，需要多方共同努力。首先，金融机构应创新贷款产品和服务模式，更加灵活地评估中小微企业的信用状况和还款能力，降低对抵押物的过度依赖。例如，可以考虑采用供应链金融、应收账款融资等新型融资方式，以满足中小微企业的实际需求。其次，政府应加大对中小微企业的支持力度，提供政策引导和财政补贴等措施，降低企业的融资成本。同时，还可以推动建立中小微企业信用担保体系，为企业提供增信服务，提高其融资可得性。最后，中小微企业自身也应加强财务管理和信用建设，提高信息透明度，增强金融机构对企业的信心。通过建立良好的银企关系、参与行业协会或联保联贷等方式，

也可以提高企业的信用评级和融资能力。

三、信息不对称与信用风险

(一) 信息公开程度相对较低

中小微企业往往缺乏足够的信息披露机制，其信息公开程度相对较低。这主要是因为中小微企业通常不像上市公司那样有严格的信息披露要求，同时也可能由于企业自身管理水平和资源有限，难以进行充分的信息公开。这种情况导致金融机构在评估中小微企业的信用风险时，缺乏足够的信息依据，从而增加了评估的不确定性。信息公开程度低还可能导致金融机构对中小微企业的了解不足，进而对其经营状况和未来发展潜力产生误判。这种误判可能会使金融机构对中小微企业的贷款申请持更为谨慎的态度，甚至拒绝提供融资支持。因此，提高信息公开程度，增加企业的透明度，对于中小微企业来说至关重要。这不仅有助于提升企业的信誉度和市场竞争力，还能为金融机构提供更准确、全面的评估依据，从而降低融资难度。

(二) 财务报表可能不够规范和完善

中小微企业的财务报表往往存在不规范和不完善的问题。这可能是由于企业自身财务管理水平有限，或者为了避税等目的而故意模糊财务信息。不规范的财务报表不仅无法真实反映企业的财务状况和经营成果，还会给金融机构的信用风险评估造成极大的困扰。金融机构在审核中小微企业的贷款申请时，通常需要依赖财务报表来了解企业的盈利能力、偿债能力以及运营效率等关键指标。如果财务报表不规范或不完善，金融机构就难以准确评估这些指标，从而增加了贷款的风险。因此，金融机构在面对这种情况时，往往会采取更为保守的贷款政策，甚至直接拒绝贷款申请。为了解决这一问题，中小微企业需要提升自身财务管理水平，确保财务报表的规范性和完善性。同时，政府和相关部门也应加强对中小微企业财务管理的指导和监督，推动企业提高财务信息质量。

（三）信息不对称问题

信息不对称是指在市场交易中，各方拥有的信息不同，导致一方比另一方更具有信息优势。在中小微企业融资过程中，信息不对称问题尤为突出。由于中小微企业的信息公开程度低和财务报表不规范等，金融机构往往难以获取关于企业经营状况和发展前景的准确信息。这种信息不对称使金融机构在评估中小微企业的信用风险时面临更大的不确定性。信息不对称问题还可能导致逆向选择和道德风险等问题。逆向选择是指由于信息不对称，金融机构可能选择风险较高的中小微企业提供融资支持，从而增加贷款的风险。道德风险则是指中小微企业在获得融资后可能改变资金用途或进行高风险投资等，从而损害金融机构的利益。这些问题都会进一步加剧中小微企业的融资难度。

为了解决信息不对称问题，中小微企业需要加强与金融机构的沟通和合作，主动提供真实、准确的财务信息和其他相关资料。同时，金融机构也应加强尽职调查和风险评估工作，通过多种渠道获取关于中小微企业的全面信息，以降低信息不对称带来的风险。此外，政府和相关部门还可以推动建立中小微企业信用信息共享平台等机制，促进信息的公开和共享，从而缓解信息不对称问题。

四、融资成本敏感度高

（一）中小微企业盈利能力与融资成本敏感度

中小微企业的盈利能力相对较弱，这主要是由于其规模较小、市场份额有限、品牌影响力不足以及管理水平和技术水平相对较低等。因此，中小微企业在经营过程中往往面临着较大的资金压力，对融资成本的敏感度也相对较高。高昂的融资成本可能会进一步压缩企业的利润空间，甚至导致企业无法承受。具体来说，中小微企业在融资过程中需要支付的利息、手续费等，都会直接影响企业的盈利能力。如果融资成本过高，将会增加企业的经营负担，降低企业的盈利能力，甚至可能导致企业陷入财务困境。因此，中小微企业在选择融资方式时，通常会优先考虑成本因素，寻求低成本、高效率的融资方式。

（二）中小微企业对低成本融资方式的需求

中小微企业对融资成本的敏感度较高，因此更倾向于选择低成本的融资方式。这包括但不限于银行贷款、政府补贴、税收优惠等。这些低成本融资方式可以有效地降低企业的融资成本，提高企业的盈利能力。同时，中小微企业也希望通过与金融机构建立良好的合作关系，获得更优惠的融资条件和更灵活的融资方式。例如，一些金融机构会针对中小微企业的特点，推出定制化的融资产品，以满足企业的实际需求。这些产品通常具有较低的利率和灵活的还款方式，可以降低企业的融资成本，提高企业的资金使用效率。

（三）金融机构在为中小微企业提供融资服务时的策略

鉴于中小微企业对融资成本的敏感度较高，金融机构在为这些企业提供融资服务时，需要更加注重成本控制和风险管理。具体来说，金融机构可以采取以下策略：针对中小微企业的特点，设计更符合其实际需求的融资产品。这些产品应具有较低的利率、灵活的还款方式和简洁的审批流程，以降低企业的融资成本和时间成本。为了降低中小微企业的融资风险，金融机构需要提高其风险管理水平。这包括对中小微企业进行全面的信用评估、建立完善的担保机制和风险分散机制等。通过提高风险管理水平，金融机构可以有效地控制融资风险，从而为中小微企业提供更稳健的融资支持。政府是支持中小微企业发展的重要力量。金融机构可以与政府加强合作，共同推出针对中小微企业的优惠政策和融资支持措施。这些政策和措施可以有效地降低中小微企业的融资成本，促进其健康发展。

五、融资需求多样化

（一）中小微企业融资需求的多样性

中小微企业的融资需求并不单一，而是随着企业的发展阶段、市场环境以及业务需求的变化而变化。在初创期，企业可能更需要种子资金来验证商业模式和产品的市场接受度，此时，股权融资成了一个重要的选择，因为它不仅可以为企业提供资金支持，还能引入具有行业经验和资源的战略投资者，帮助企业快速成长。随着企业进入成长期，扩大生产规模、增加市场份额成为主要目标。这时，银行贷款和债券融资等债权类融资方式因其资金成本相对较低、融资额度较大等特点而受到企业的青睐。此外，票据融资也是一种灵活的短期融资方式，适用于企业在销售过程中因应收账款而产生的短期资金需求。

（二）不同融资方式的优势与特点

股权融资、债券融资、银行贷款和票据融资等方式各具优势。股权融资可以为企业提供长期的资金支持，并且没有固定的还款期限，这对于初创期和高速成长的企业来说尤为重要。同时，通过股权融资引入的战略投资者还能为企业提供业务、管理和市场拓展等方面的支持。债券融资和银行贷款则具有资金成本较低、融资额度大且还款期限灵活等特点。这些融资方式适用于那些已经进入稳定成长期、具有稳定现金流和还款能力的企业。票据融资则以其灵活性和低成本著称，特别适用于解决企业在销售过程中因应收账款而产生的短期资金需求。

（三）中小微企业如何根据自身需求选择合适的融资方式

中小微企业在选择融资方式时，应充分考虑自身的发展阶段、业务需求、财务状况以及市场环境等因素。初创期的企业可以优先考虑股权融资，以获取长期的资金支持和战略资源；成长期的企业则可以根据自身的财务状况和还款能力，综合考虑银行贷款、债券融资等债权类融资方式。此外，企业在选择融资方式时还应关注融资成本、融资期限、还款方式等关键因素。不同的融资方式在这些方面存在差异，企业需要根据自身的实际情况进行权衡和选择。例如，对于资金需求较大且还款能力较强的企业来说，银行贷款可能是一个更为经济、高效的选择；而对于那些需要灵活资金支持且希望降低财务风险的企业来说，票据融资可能更为合适。

六、依赖政策支持和金融机构创新

（一）政策支持对中小微企业融资的积极影响

政府在中小微企业融资过程中发挥着举足轻重的作用。为了促进中小微企业的发展，各级政府通过提供税收优惠、贷款贴息、担保增信等政策手段，为这些企业创造了更加有利的融资环境。政府通过减免中小微企业的部分税费，降低了企业的经营成本，从而增加了其内部融资的能力。这种政策不仅直接减轻了企业的财务负担，还间接提高了企业在融资市场上的信誉，使其更容易获得外部资金的支持。为了鼓励金融机构向中小微企业提供贷款，政府实施了贷款贴息政策。这意味着政府将承担部分贷款利息，从而降低企业的融资成本。这一政策有效激发了金融机构对中小微企业的贷款意愿，提高了中小微企业的融资可得性。针对中小微企业抵押品不足的问题，政府设立了担保机构，为企业提供担保服务。这些担保机构通过专业的风险评估和管理，为金融机构提供更多的信心保障，促使金融机构更愿意向中小微企业提供贷款。

（二）金融机构创新满足中小微企业融资需求

在传统融资模式下，中小微企业往往难以满足金融机构的贷款条件。因此，金融机构需要不断创新产品和服务模式，以适应中小微企业的融资需求。供应链金融是一种基于供应链核心企业信用的融资模式。金融机构通过与核心企业合作，利用其在供应链中的主导地位和良好信誉，为供应链上的中小微企业提供融资服务。这种模式有效降低了金融机构的信贷风险，同时提高了中小微企业的融资成功率。中小微企业常常面临大量的应收账款，而这些账款往往难以迅速变现。金融机构通过提供应收账款融资服务，允许企业以其应收账款作为抵押品获得贷款。这种融资模式不仅缓解了企业的资金压力，还提高了企业的资金周转率。

（三）政策与金融创新相结合推动中小微企业融资

政策支持和金融创新在推动中小微企业融资方面具有互补作用。政策支持为中小微企业提供了更加优惠的融资条件和更加完善的融资环境；而金融创新则为中小微企业提供了更加灵活的融资渠道和更加便捷的融资服务。二者的结合使中小微企业在融资过程中既能够享受到政策的红利，又能够充分利用金融创新的成果，从而更好地满足其融资需求。

第四节　中小微企业的融资渠道及存在的问题

一、中小微企业的主要融资渠道

（一）银行借贷

1. 银行贷款在中小微企业融资中的地位

银行贷款在我国金融体系中占据了举足轻重的地位。对于中小微企业来说，银行贷款往往是他们最先考虑的融资方式。这主要得益于我国银行体系的完善性和广泛的覆盖范围。无论是国有大型银行，还是股份制银行、城市商业银行，甚至是农村合作银行，都为中小微企业提供了多种贷款产品，以满足不同企业的融资需求。此外，银行贷款的程序相对规范，有着明确的申请、审批、放款和还款流程。这种规范性不仅保障了银行的资金安全，也为中小微企业提供了一个相对公平、透明的融资环境。因此，银行贷款成为中小微企业融资的首选方式。

2. 银行贷款的优势

（1）资金成本低：与其他融资方式相比，银行贷款的资金成本相对较低。银行作为金融机构，具有较低的资金成本和规模化运营的优势，因此可以为中小微企业提供相对低利率的贷款。这对于资金紧张的中小微企业来说，无疑是一个巨大的吸引力。

（2）贷款期限灵活：银行贷款的期限相对灵活，可以根据企业的实际需求进行调整。无论是短期流动资金贷款，还是中长期固定资产投资贷款，银行都能提供相应的产品。这种灵活性使中小微企业可以根据自身的经营情况和资金需求来选择合适的贷款期限。

（3）稳定的合作关系：通过与银行建立长期的合作关系，中小微企业可以获得更稳定的资金支持。银行在审批贷款时，会综合考虑企业的信用记录、经营状况等因素。因此，那些与银行保持良好合作关系的企业，在申请贷款时往往能够获得更优惠的条件和更高的额度。

3. 银行贷款存在的问题

虽然银行贷款具有诸多优势，但对于初创或资产较少的中小微企业来说，仍然存在着一些难以逾越的门槛。

（1）抵押物要求：银行贷款通常需要提供抵押物作为担保。这对于拥有一定资产的企业来说或许不是问题，但对于初创或资产较少的企业来说却是一个巨大的挑战。它们往往没有足够的抵押物来满足银行的要求，导致贷款申请被拒绝。

（2）担保人要求：除了抵押物，银行还可能要求企业提供担保人。担保人的作用是在企业无法偿还贷款时承担相应的责任。然而，对于初创或小微企业来说，找到合适的担保人并不容易。它们的人脉资源有限，很难找到愿意为他们提供担保的人。

（3）信用评估难题：银行贷款的审批过程中，信用评估是一个重要的环节。银行会综合评估企业的信用记录、经营状况、还款能力等来决定是否放款以及放款的额度。然而，对于初创或小微企业来说，它们往往缺乏完善的信用记录和财务报表，这使得银行在评估它们的信用风险时面临困难。这种信息不对称可能导致银行对这些企业的贷款申请持谨慎态度，甚至拒绝放款。

（二）股权融资

1. 资金支持：中小微企业的生命线

初创期和成长期的中小微企业，如同刚刚破土而出的幼苗，急需养分来支持其苗壮成长。而资金，就是这些企业最紧缺的"养分"。传统的融资方式，如银行贷款，对于这类企业来说往往门槛较高，审批流程烦琐，难以满足快速变化的市场需求。此时，股权融资就显得尤为重要。股权融资能够为企业提供即时的资金支持，且不需要企业提供任何抵押物或担保。这大大降低了企业的融资门槛，使其能够迅速获得所需资金，用于扩大生产规模、加大市场推广力度、完善产品线等关键领域。这种融资方式不仅为企业提供了灵活的资金来源，还优化了企业的财务结构，为其后续发展奠定了坚实的基础。

2. 战略投资者的引入：带来更多可能

除了资金支持，股权融资还为中小微企业带来了另一份宝贵的资源——战略投资者。这些投资者往往具有丰富的行业经验、广泛的市场资源和深厚的专业知识。他们的加入，不仅为企业带来了更多的资金，还提供了宝贵的业务、技术和管理支持。战略投资者的引入，有助于企业快速拓展市场、提升品牌影响力，并在产品研发、市场推广、供应链管理等方面获得专业指导。同时，他们还能为企业提供宝贵的行业洞察和战略规划，帮助企业在竞争激烈的市场中脱颖而出。这种全方位的支持，对于初创期和成长期的中小微企业来说，无疑是雪中送炭。

3. 股权稀释与控制权分散：不得不防的风险

然而，股权融资并非百利而无一害。随着外部资金的注入，企业的股权结构将不可避免地发生变化。这意味着创始团队和管理层的股权比例将被稀释，进而可能影响到他们对企业的控制力。股权稀释带来的最直接后果是，创始团队可能失去对企业的绝对控制权。当外部投资者持有的股权比例达到一定程度时，他们将有权参与企业的重大决策，甚至可能左右企业的发展方向。这对于希望保持独立性和自主权的中小微企业来说，无疑是一个巨大的挑战。此外，控制权的分散也可能导致企业内部出现分歧和矛盾。不同的投资者可能有不同的利益诉求和发展战略，这将在一定程度上影响企业的决策效率和执行力。如果处理不当，甚至可能引发内部斗争和管理混乱，对企业的长期发展造成不利影响。因此，中小微企业在考虑股权融资时，必须充分权衡其利弊得失。在筹集资金的同时，也要确保企业的独立性和控制权不受威胁。这要求企业在选择投资者时更加谨慎，明确双方的权利和义务，制定合理的股权分配方案，以确保企业的长期稳定发展。

（三）债券融资

债券融资的一个显著优点是融资期限长。通常，企业发行的债券都有较长的期限，如 5 年、10 年甚至更长。这为企业提供了稳定的资金来源，使其能够进行长期投资或开展大型项目，而不必担心短期内偿还债务的压力。相比之下，银行贷款往往期限较短，且通常需要定期续贷，这增加了企业的财务成本和运营风险。债券融资的长期性还体现在债券持有者的分散性上。由于债券可以在市场上自由买卖，因此投资者众多，这降低了单一债权人对企业经营决策的影响。这种融资方式的灵活性有助于企业更好地规划和使用资金，实现长期稳健的发展。

资金成本是企业筹集资金时需要考虑的重要因素之一。与银行贷款相比，债券融资通常具有更低的资金成本。这是因为债券的利率通常是根据市场利率确定的，而市场利率往往低于银行的贷款利率。此外，由于债券投资者众多，市场竞争也有助于降低资金成本。降低资金成本意味着企业可以以更低的成本筹集到所需的资金，从而提高盈利能力。这对于中小微企业来说尤为重要，因为它们通常面临着更为紧张的财务状况和更高的经营风险。通过债券融资降低资金成本，可以帮助这些企业更好地应对市场挑战，实现可持续发展。

（四）民间借贷

1. 政府补助资金和税收优惠政策的重要性

政府对中小微企业的补助资金和税收优惠政策，是其发展策略中不可或缺的一环。中小微企业往往面临着资金短缺、技术更新迅速、市场竞争激烈等多重压力。在此背景下，政府的补助资金和税收优惠政策如同及时雨，为这些企业提供了实质性的支持。补助资金可以直接用于企业的研发、市场推广、人才培训等方面，有效缓解企业的资金压力，帮助其更好地应对市场挑战。而税收优惠政策则可以降低企业的运营成本，提高其盈利能力，从而鼓励企业加大投资、扩大生产规模。这些政策的实施，不仅有助于中小微企业的健康成长，也为整个经济社会的繁荣发展注入了新的活力。

2. 政府补助和税收优惠降低融资成本

中小微企业在融资过程中常常面临诸多困难，如融资门槛高、融资成本高、融资渠道有限等。而政府的补助资金和税收优惠政策正是为了解决这些问题而设立的。通过直接的资金补助和税收减免，政府实际上为中小微企业承担了一部分融资成本，从而有效地降低了其总体的融资压力。具体而言，政府补助可以直接增加企业的现金流，使其有更多的资金用于生产和经营活动；而税收优惠则可以通过减少企业的税负，提高其税后利润，增强其内源融资能力。这些政策措施的实施，不仅有助于提升中小微企业的融资效率，还能激励其更加积极地投身于市场竞争和创新发展中。

3. 申请条件和程序的复杂性及应对策略

尽管政府的补助资金和税收优惠政策对中小微企业的发展具有重要意义，但申请这些政策资助的条件和程序却可能较为复杂。这主要体现在以下几个方面：首先，申请条件可能涉及多个方面，如企业的规模、经营状况、技术创新能力等，需要企业全面了解和准备相关材料；其次，申请程序可能包括多个环节，如提交申请材料、项目评审、资金拨付等，需要企业耗费一定的时间和精力去跟进和配合；最后，由于申请人数众多而资助名额有限，竞争相对激烈，需要企业充分展示自身的优势和特色以提高成功率。为了成功申请到政府的补助资金和税收优惠政策，中小微企业需要具备一定的申报经验和能力。具体来说，企业可以采取以下策略：一是加强内部管理，完善财务制度和报表记录等基础工作，以便更好地满足申请条件；二是积极与政府部门沟通联系，及时了解政策动态和申请要求，确保申请材料的准确性和完整性；三是注重提升自身的技术创新能力和市场竞争力，以便在评审过程中脱颖而出。此外，中小微企业还可以考虑寻求专业的咨询服务机构的帮助。这些机构通常具有丰富的申报经验和专业知识，可以为企业提供有针对性的指导和建议，帮助其更好地理解和应对申请过程中的各种问题和挑战。

（五）政府补助和税收优惠

1. 企业规模与信用记录的双重挑战

中小微企业的规模相对较小，通常意味着其资产总额、营业收入和利润水平都有限。这使许多金融机构在评估中小微企业的信贷风险时持更为谨慎的态度。相较于大型企业，中小微企业在经营稳定性、抗风险能力等方面存在明显差距，这无疑增加了金融机构的贷款风险。同时，中小微企业往往缺乏完善的信用记录，这使金融机构难以准确评估其信用状况。信用记录是金融机构判断企业偿债能力的重要依据，而中小微企业由于经营历史相对较短、财务管理可能不够规范等原因，往往难以积累起足够的信用数据。这种信息的不对称性进一步加剧了金融机构对中小微企业的信贷担忧。

2. 金融机构的信贷政策与风险偏好

受上述因素的影响，许多金融机构对中小微企业的信贷政策相对谨慎。在风险管理和合规要求的双重压力下，金融机构更倾向于向信用记录良好、规模较大的企业提供贷款。这不仅是因为这些企业的偿债能力相对较强，还因为一旦出现违约情况，金融机构可以通过处置抵押资产等方式来降低损失。而对于中小微企业而言，即便它们能够提供抵押物或担保人，也往往因为抵押物的价值不足或担保人的信用状况不佳而难以满足金融机构的要求。这种情况下，中小微企业即便有好的项目或发展机会，也可能因为资金不足而错失良机。

3. 中小微企业的融资策略与出路

面对融资难的困境，中小微企业需要积极寻求解决方案。首先，它们可以从自身做起，加强财务管理和信息披露的规范性，逐步建立起完善的信用记录。通过定期向金融机构提供准确、及时的财务报表和经营信息，中小微企业可以逐步建立起与金融机构的信任关系，从而提高获得贷款的可能性。中小微企业可以尝试多元化的融资方式。除了传统的银行贷款，还可以考虑股权融资、债券融资等直接融资方式。这些方式不仅可以为企业提供更多的资金来源，还有助于降低融资成本并优化债务结构。当然，这些融资方式也需要企业具备一定的条件和资质。政府和社会各界也应该给予中小微企业更多的支持和关注。同时，还可以推动建立专门为中小微企业提供融资服务的金融机构或平台，以降低其融资成本并提高融资效率。图 1-1 为中小微企业融资渠道及特点。

对于中小微企业来说，银行贷款往往是他们最先考虑的融资方式。这主要得益于我国银行体系的完善性和广泛的覆盖范围。

债券融资的一个显著优点是融资期限长。通常，企业发行的债券都有较长的期限，如5年、10年甚至更长。

通过定期向金融机构提供准确、及时的财务报表和经营信息，中小微企业可以逐步建立起与金融机构的信任关系，从而提高获得贷款的可能性。

银行贷款　股权融资　债券融资　民间借贷　政府补助和税收优惠

股权融资能够为企业提供即时的资金支持，且不需要企业提供任何抵押物或担保。

补助资金可以直接用于企业的研发、市场推广、人才培训等方面，有效缓解企业的资金压力，帮助其更好地应对市场挑战。

图 1-1　中小微企业融资渠道及特点

二、中小微企业融资存在的问题

（一）融资难

1. 中小微企业规模较小导致的融资难

中小微企业通常规模较小，资本实力相对薄弱，在面对市场竞争和经营风险时，抵御能力相对较弱。金融机构在评估贷款申请时，往往会考虑企业的还款能力和稳定性。由于中小微企业的规模限制，其还款能力相对较弱，金融机构在提供贷款时会更加谨慎。此外，中小微企业的业务范围和市场份额有限，这也增加了其经营风险，进一步影响了金融机构的贷款意愿。

2. 信用记录不足引发的信任危机

中小微企业在创立初期和发展过程中，往往缺乏完善的信用记录。这主要是企业管理不规范、财务信息不透明以及市场竞争激烈等原因导致的。金融机构在审批贷款时，通常会查看企业的信用历史，以评估其信贷风险。然而，中小微企业的信用记录不足，使金融机构难以准确判断其信贷风险，从而导致贷款申请的难度增加。此外，一些中小微企业可能存在不良信用行为，如逃避债务、虚假报表等，这些行为进一步损害了金融机构对中小微企业的信任度。

3. 金融机构对中小微企业的信贷政策谨慎

鉴于中小微企业的规模和信用记录问题，许多金融机构对中小微企业的信贷政策持谨慎态度。这主要体现在贷款审批流程严格、贷款额度限制以及贷款利率较高等方面。金融机构为了降低信贷风险，往往会对中小微企业的贷款申请进行更为严格的审查。同时，由于中小微企业的信贷风险相对较高，金融机构通常会提高贷款利率以弥补潜在的风险。这些政策虽然在一定程度上保护了金融机构的利益，但也增加了中小微企业的融资成本，进一步加剧了其融资困难。

解决中小微企业融资难的问题，可以从以下两方面入手：第一，政府可以出台相关政策，鼓励金融机构为中小微企业提供更多元化的融资服务，如设立专门的中小微企业融资担保机构，降低银行贷款的担保要求等。第二，中小微企业自身也应加强内部管理和创新，提升市场竞争力，通过加强财务管理、完善信息披露机制等方式提高自身信用评级，获取金融机构的信任和支持。

(二) 融资贵

1. 中小微企业的信用风险与金融机构的风险定价

中小微企业的信用风险相对较高，这是其融资成本上升的主要原因之一。由于中小微企业规模较小、经营历史相对较短，且往往缺乏完善的财务管理制度和透明的信息披露机制，使得金融机构在评估其信贷风险时面临较大的不确定性。为了弥补这种风险，金融机构通常会提高贷款利率，以确保在出现违约情况时能够弥补损失。此外，中小微企业的抵押物价值通常较低，或者根本无法提供足够的抵押物。因而金融机构在提供贷款时需要更加谨慎，并要求企业提供更多的抵押物或担保人。这些额外的要求不仅增加了中小微企业的融资难度，还进一步推高了其融资成本。

2. 金融机构的风险管理策略与中小微企业的融资成本

金融机构在风险管理方面有着严格的策略和流程。对于信用风险较高的中小微企业，金融机构通常会采用更为严格的风险管理措施，如提高贷款审批标准、加强贷后监管等。这些措施的实施需要投入更多的人力、物力和财力，而这些成本最终都会转变为中小微企业的融资成本。同时，为了降低自身风险，金融机构还可能要求中小微企业购买相关的保险产品，如信用保险、贷款保证保险等。这些保险产品的费用也会增加中小微企业的融资成本。

3. 中小微企业的应对策略与降低融资成本的途径

面对高昂的融资成本，中小微企业需要积极寻求应对策略。首先，加强自身信用建设是关键。通过完善财务管理制度、提高信息披露透明度、增强履约能力等方式，中小微企业可以逐步提升自身信用评级，从而降低金融机构的风险评估水平，进而降低融资成本。其次，中小微企业可以寻求多元化的融资渠道。这些方式不仅可以为企业提供更多的资金来源，还有助于降低对单一融资渠道的依赖和降低融资成本。最后，政府和社会各界也应该给予中小微企业更多的支持和关注。同时推动建立专门为中小微企业提供低成本融资服务的金融机构或平台。

（三）融资渠道单一

1. 中小微企业对银行贷款和民间借贷的依赖

目前，中小微企业的融资渠道相对单一，主要依赖于银行贷款和民间借贷。银行贷款因其稳定、低风险的特点，一直是中小微企业融资的首选。然而，银行贷款的审批流程烦琐、担保要求高，对于规模较小、抵押物不足的中小微企业来说，获得贷款的难度较大。同时，银行贷款的利率虽然相对较低，但由于中小微企业的信用风险较高，实际融资成本并不低。民间借贷则因其灵活性和便捷性受到中小微企业的青睐。但民间借贷往往利率较高，且存在法律风险和不确定性。一旦资金链断裂，中小微企业可能面临巨大的偿债压力，甚至导致企业破产。

2. 新型融资方式的兴起及其局限性

近年来，股权融资、债券融资等新型融资方式逐渐兴起，为中小微企业融资提供了新的选择。股权融资可以通过出售企业股权来筹集资金，有助于企业扩大规模、提升竞争力。而债券融资则允许企业通过发行债券来筹集资金，具有融资成本低、期限长等优点。然而，由于中小微企业自身条件和市场环境的限制，这些新型融资方式的应用并不广泛。首先，中小微企业往往规模较小、盈利能力有限，难以满足股权融资和债券融资的发行条件。其次，这些新型融资方式需要专业的金融知识和经验，而中小微企业往往缺乏这方面的人才和资源。最后，市场环境的不完善也限制了新型融资方式的发展。例如，我国资本市场尚不成熟，股权融资和债券融资的市场接受度有待提高。

3. 中小微企业融资渠道的拓展与优化建议

为了解决中小微企业融资渠道单一的问题，需要政府、金融机构和企业共同努力。首先，政府可以出台相关政策，鼓励和支持金融机构为中小微企业提供更多元化的融资服务。例如，可以设立专门的中小微企业融资担保机构，降低银行贷款的担保要求；推动资本市场的发展，提高股权融资和债券融资的市场接受度。例如，可以开发针对中小微企业的特色信贷产品，降低贷款门槛；推动互联网金融的发展，为中小微企业提供便捷、高效的融资服务。中小微企业自身也应加强内部管理和创新能力，提升市场竞争力。通过加强财务管理、完善信息披露机制等方式提高自身信用评级；积极寻求与其他企业或机构的合作机会以拓宽融资渠道；同时关注并利用政策优惠降低融资成本。

（四）信息不对称现象

1. 中小微企业的信息披露不规范

中小微企业在规模和管理上通常较为简单，可能没有完善的财务管理和信息披露制度。这导致金融机构在评估这些企业的信用风险和偿债能力时，难以获得准确和全面的信息。企业的财务报表可能不规范，甚至存在缺失或错误，这使金融机构难以判断企业的真实财务状况。此外，中小微企业可能缺乏对市场和行业趋势的深入研究，无法提供足够的市场分析和预测信息，这也增加了金融机构评估其未来偿债能力的难度。

2. 金融机构的信息获取成本高

由于中小微企业的信息披露不规范，金融机构在提供贷款前需要投入大量的时间和资源来收集和核实相关信息。这不仅增加了金融机构的运营成本，还可能导致贷款审批流程的延长。在信息不对称的情况下，金融机构可能需要求助于第三方机构进行信用评估或审计，这进一步增加了信息获取的成本。高昂的信息获取成本可能会让金融机构对中小微企业的贷款申请持更为谨慎的态度，甚至出现"惜贷"现象——金融机构因担心风险而减少贷款发放。

3. 信息不对称引发的信贷配给问题

信息不对称还可能导致信贷配给问题。由于金融机构难以准确评估中小微企业的信用风险，它们可能会选择提高贷款利率或降低贷款额度来补偿潜在的风险。这种做法不仅增加了中小微企业的融资成本，还可能导致一些有潜力但信息披露不足的企业被排除在信贷市场之外。此外，信息不对称还可能引发道德风险和逆向选择问题。道德风险指的是企业在获得贷款后可能改变资金用途或进行高风险投资，从而增加金融机构的贷款风险。逆向选择则是指由于信息不对称，金融机构可能更倾向于选择那些看似风险较低但实际上风险更高的企业进行贷款。

为了解决中小微企业和金融机构之间的信息不对称问题，可以从以下 3 个方面入手：第一，中小微企业需要加强自身财务管理和信息披露的规范性。通过建立完善的财务管理制度和透明的信息披露机制，企业可以提供更准确、全面的财务信息给金融机构评估，降低信息不对称的程度。第二，金融机构可以利用大数据、人工智能等先进技术来提升信息获取和分析的能力。这些技术可以帮助金融机构更高效地收集和处理中小微企业的相关信息，提高贷款审批的效率和准确性。第三，政府和监管机构也可以发挥重要作用。政府可以提供政策支持和引导，鼓励中小微企业完善信息披露制度。监管机构则可以加强对中小微企业和金融机构的监管力度，确保市场的公平和透明。

（五）政策执行不到位

1. 政策宣传的广度与深度不足

政府在出台支持中小微企业融资的政策后，宣传的广度和深度往往不足。很多中小微企业由于信息渠道有限，难以及时、全面地了解到相关政策。这主要体现在：政府发布政策的渠道可能主要是官方网站、公文或新闻发布会等，而这些渠道对于许多中小微企业来说并不是常用的信息获取方式。许多中小微企业并没有专门的信息收集人员，导致政策信息传递不畅。当前的宣传方式可能过于传统和单一，没有充分利用现代社交媒体、网络平台等多元化渠道，使得政策的覆盖面有限。除了简单的政策宣传，对于政策内容的深入解读也至关重要。许多中小微企业即使了解到了政策，也可能因为对政策内容理解不足而无法有效利用。

2. 政策申请条件和程序复杂

除了宣传问题，政策的申请条件和程序也常常成为中小微企业享受政策红利的障碍。一些政策虽然旨在支持中小微企业，但其申请条件可能过于苛刻，将许多真正需要支持的企业排除在外。这些条件可能包括企业的注册资本、经营年限、盈利状况等。申请政策支持的程序可能涉及多个部门和环节，需要提交大量的材料和证明。这对于资源有限、管理水平不高的中小微企业来说，无疑是不小的负担。由于程序复杂和部门之间的沟通不畅，审批时间往往较长。这不仅影响了企业的资金周转，还可能使企业错过市场机遇。

3. 政策执行的监督与反馈机制不完善

政府在出台政策后，对政策执行的监督和反馈机制往往不够完善。政府在政策出台后，可能缺乏对政策执行情况的有效监督。这导致一些政策在执行过程中被曲解或打折扣，甚至出现权力寻租和腐败现象。中小微企业在享受政策过程中遇到的问题和困难，往往缺乏有效的反馈渠道。这使政府难以及时了解政策执行中的问题和不足，进行针对性的调整和优化。政府对政策效果的评估机制可能不够完善。没有科学、客观的评估标准和方法，就难以准确判断政策的效果和存在的问题，进而影响政策的持续改进和优化。

针对以上问题，政府可以从以下几个方面进行改进：一是充分利用现代社交媒体和网络平台，拓宽政策宣传渠道。同时，加强对政策的深入解读和普及工作，帮助中小微企业更好地理解和利用政策。在确保政策效果的前提下，尽量简化申请程序和条件，降低中小微企业的申请门槛和成本；二是加强部门之间的沟通和协调，提高审批效率。建立健全政策执行的监督和反馈机制，加强对政策执行情况的监督和评估；三是畅通中小微企业的反馈渠道，及时了解并解决问题，确保政策能够真正落到实处并发挥效用。表 1-1 为中小微企业融资问题及特征。

表 1-1　中小微企业融资问题及特征

问题	特征
融资渠道有限	中小微企业的融资渠道相对较窄，主要依靠银行贷款和民间借贷，缺乏多样化的融资方式
融资成本高	中小微企业融资面临的利率较高，同时还有各种附加费用，增加了融资成本
信贷可得性低	由于中小微企业规模较小、抵押物不足等，银行对其信贷审批较为严格，导致信贷可得性降低
担保困难	中小微企业往往缺乏足够的抵押物或担保人，难以满足金融机构的担保要求
信息不对称	中小微企业的财务信息不透明，导致金融机构难以评估其信用状况和还款能力
融资风险高	中小微企业的经营风险相对较高，金融机构对其融资申请持谨慎态度

第二章　中小微企业融资理论

第一节　静态权衡理论

一、静态权衡理论的基本概念

静态权衡理论：企业融资中的"权衡"艺术静态权衡理论，这一概念蕴含着企业融资决策中的核心思想——"权衡"。在企业的日常运营与长远规划中，融资决策无疑扮演着至关重要的角色。而在这一决策过程中，企业往往需要在负债的节税利益与潜在的财务危机成本之间进行细致的权衡。深入探讨负债的节税利益。这一利益主要指负债的利息可以在企业所得税前扣除。简而言之，企业通过借款来融资，所支付的利息可以减少其应税收入，进而降低税负。这是一个显著的财务优势，也是许多企业选择负债融资的重要原因。然而，这种节税利益并不是无限制的，它受到企业借款规模和利率的影响。因此，在制定融资策略时，企业需要精确计算不同借款规模和利率下的节税效益，以实现最优的负债水平。

然而，与节税利益相伴的是财务危机成本。这是企业在追求负债融资时必须谨慎考虑的另一面。财务危机成本主要体现在过度负债可能导致的企业破产风险增加和信誉下降等。企业负债过高时，一旦市场环境发生变化或企业经营出现问题，就可能面临资金链断裂的风险，甚至走向破产。同时，过高的负债率也可能影响企业的信誉，使供应商、客户和投资者对企业的未来发展产生疑虑，从而影响企业的正常运营和市场地位。因此，静态权衡理论的核心就在于找到这两者之间的平衡点。企业需要根据自身的经营状况、市场环境、行业特点等，综合评估负债的节税利益和潜在的财务危机成本。这不仅仅是一个数学问题，更是一个需要丰富经验和深刻洞察力的决策过程。在实际操作中，企业可以借助现代财务工具和模型来进行精确的分析和预测。例如，通过构建财务模型来模拟不同负债水平下的企业运营状况，从而找到最优的融资策略。

二、静态权衡理论的形成与发展

（一）静态权衡理论的形成背景

静态权衡理论的形成可以追溯到 20 世纪 70 年代中期，这是经济学研究蓬勃发展的时期，各种经济理论和观点层出不穷。而静态权衡理论的诞生，正是基于对传统资本结构理论的深入研究和反思。它的根源在于对 MM 定理的修正与发展，这一修正不仅是对原有理论的补充和完善，更是对经济学研究的一次重要推进。MM 定理由经济学家莫迪利亚尼和米勒在 1958 年提出，他们通过设定一系列严格的假设条件，得出了企业的价值与融资方式无关的结论。这一结论在当时的经济学界引起了广泛的关注和讨论。然而，随着时间的推移，人们逐渐发现 MM 定理的假设条件与现实情况存在较大的差异，这使该定理在解释现实企业融资行为时存在一定的局限性。具体来说，MM 定理的假设条件包括完美市场、无税收、无破产成本等，这些条件在现实中很难得到满足。因此，当企业面临实际的融资决策时，MM 定理往往无法提供有效的指导。为了解决这一问题，许多学者开始尝试放宽 MM 定理的假设条件，引入更多的现实因素，以期能够更准确地描述和解释企业的融资行为。

（二）静态权衡理论的发展过程

在这一背景下，静态权衡理论应运而生。它充分考虑了负债的节税利益与财务危机成本，试图在两者之间找到一个平衡点。这一理论的提出，不仅使人们能够更加深入地理解企业的融资决策过程，还为企业融资提供了更为实用的指导。静态权衡理论的发展是一个不断探索和完善的过程。最初，学者们主要关注负债的节税利益，认为通过增加负债可以降低企业的税负，从而提高企业的价值。然而，随着研究的深入，人们逐渐意识到过度负债可能会增加企业的财务危机成本，包括破产风险、信誉下降等负面影响。为了更全面地考虑这些因素，静态权衡理论引入了权衡的思想。它认为企业在制定融资决策时，需要综合考虑负债的节税利益和财务危机成本，以找到一个最优的资本结构。这一思想不仅体现了经济学的理性人假设，也符合企业追求价值最大化的目标。

（三）静态权衡理论的意义与价值

静态权衡理论的提出和发展对于经济学和企业管理学领域都具有重要的意义和价值。首先，它弥补了 MM 定理在解释现实企业融资行为时的局限性，能够更准确地描述和预测企业的融资行为。其次，静态权衡理论为企业融资决策提供了实用的指导原则和方法论。通过综合考虑负债的节税利益和财务危机成本，企业可以制定出更加合理和有效的融资策略，从而实现价值的最大化。此外，静态权衡理论还促进了经济学和企业管理学的交叉融合与发展，能够从不同的角度和层面来审视企业的融资问题，为相关领域的研究提供了新的思路和方法论支持。同时，静态权衡理论也提供了一种理性的分析框架和决策工具，有助于更加深入地理解企业的运营管理和市场竞争策略。

三、静态权衡理论的核心内容

（一）负债的节税利益

1. 节税利益的产生与意义

企业通过负债融资可以获得显著的节税利益，这是众多企业融资决策中的重要考量因素。这一利益主要来源于负债的利息支付可以在企业所得税前扣除，从而减少企业的应税收入，为企业带来实实在在的税收减免。这种节税利益不仅直接影响了企业的税负，更在一定程度上增加了企业的整体价值。接下来深入探讨节税利益的产生。在企业运营过程中，资金的需求是多种多样的，而融资则是满足这些需求的重要手段。当企业通过负债方式进行融资时，所支付的利息费用便成了企业的一项重要支出。然而，这项支出并非全无回报，它可以在企业计算所得税时作为费用扣除，从而减少企业的应税收入。这种税前扣除的机制，为企业带来了一种隐性的收益，即节税利益。节税利益的意义不仅仅在于直接的税收减免。更重要的是，它反映了企业财务管理的智慧。通过合理利用税收政策，企业在降低税负的同时，也优化了自身的资本结构，提高了资金的使用效率。这种优化不仅有助于提升企业的盈利能力，还能增强企业的市场竞争力，为企业的长远发展奠定坚实基础。

2. 节税利益对企业价值的影响

节税利益在一定程度上可以增加企业的价值，这是负债融资的一大优势。企业价值的提升不仅体现为财务报表上的数字增长，更反映了企业在市场竞争中的地位和实力。节税利益直接增加了企业的净利润。由于利息支出可以在税前扣除，企业的应税收入相应减少，从而降低了企业的税负。这部分节省下来的税款可以直接转化为企业的净利润，提高企业的盈利能力。而盈利能力是企业价值的重要组成部分，因此，节税利益通过增加净利润的方式提升了企业价值。节税利益有助于优化企业的资本结构。在融资决策中，企业需要权衡权益融资和负债融资的比例。合理的资本结构可以降低企业的资本成本，提高企业的运营效率。而节税利益作为负债融资的一大优势，使企业在考虑资本结构时更加倾向于使用负债融资。这种优化后的资本结构有助于提升企业的整体价值。节税利益还可以增强企业的现金流能力。企业通过负债融资获得的资金可以用于扩大生产规模、研发新产品、开拓新市场等。这些投资活动不仅可以增加企业的收入和利润，还可以提升企业的市场竞争力。而节税利益为企业节省了税款支出，使企业有更多的资金用于投资活动，从而增强了企业的现金流能力。这也是提升企业价值的重要途径之一。

3. 实现节税利益的条件与注意事项

虽然负债融资可以带来节税利益，但企业在实际操作中也需要满足一定条件和注意一些事项，以确保能够真正实现这一利益。企业需要确保所选择的融资方式符合相关税收法规和政策的要求。不同的融资方式可能对应不同的税收政策，企业需要仔细研究并选择合适的融资方式以最大化节税利益。企业需要合理控制负债规模。虽然负债融资可以带来节税利益，但过度的负债也可能增加企业的财务风险和偿债压力。因此，企业需要根据自身的经营状况和市场需求来合理规划负债规模，以确保在享受节税利益的同时保持财务稳定。企业还需要关注融资成本的问题。不同的融资方式可能对应不同的融资成本，企业需要综合考虑融资成本与节税利益之间的平衡关系，以选择最优的融资方案。

（二）财务危机成本

1. 财务危机成本的产生

虽然负债融资可以为企业带来显著的节税利益，但过度负债也可能带来一系列财务危机成本。这些成本并非直接体现在财务报表上，但它们对企业的长期发展和稳定运营产生深远影响。过度负债会增加企业的破产风险。当企业的债务规模超过其偿还能力时，就会面临无法按时偿还债务的风险。一旦企业无法履行债务合约，就可能被迫进入破产程序，这不仅会导致企业资产的损失，还可能使企业彻底丧失经营能力。因此，破产风险是过度负债带来的最直接和严重的财务危机成本。过度负债还会影响企业的信誉。在现代商业环境中，信誉是企业的重要资产之一。然而，过度负债会使企业的信誉受损。供应商、客户和投资者可能会对企业的偿债能力和运营稳定性产生疑虑，从而降低与企业的合作意愿。这种信誉下降不仅会影响企业的业务拓展和市场份额，还可能导致企业的融资成本上升，进一步加剧财务困境。过度负债还可能引发法律纠纷。这不仅会消耗企业大量的时间和资源来应对法律诉讼，还可能进一步损害企业声誉。同时，法律纠纷也可能导致企业的正常运营受到干扰，甚至可能使企业陷入更深的困境。

2. 财务危机成本的具体表现

财务危机成本不仅体现在破产风险、信誉下降和法律纠纷等方面，还有一些其他表现，进一步揭示了过度负债的潜在危害。就运营层面而言，企业在面临财务危机时，可能会因为资金紧张而缩减必要的研发投入或市场推广预算。这种短视的决策虽然能在短期内缓解资金压力，但长期来看会削弱企业的竞争力和创新能力，进而影响企业的可持续发展。从员工角度来看，财务危机可能导致企业拖欠员工工资或削减员工福利，这不仅会影响员工的工作积极性和忠诚度，还可能导致优秀人才流失。人才的流失会进一步削弱企业的核心竞争力，使企业在激烈的市场竞争中处于不利地位。就合作伙伴关系而言，财务危机可能使企业失去供应商的信任和支持。供应商可能会提出更严格的合同条款或提高价格以降低自身风险，这会增加企业的运营成本并限制其灵活性。同时，财务危机还可能影响企业与分销商、零售商等合作伙伴的关系，导致销售渠道受阻，市场份额下降。

3. 应对财务危机成本的策略

为了降低财务危机成本，企业需要采取一系列策略来优化债务结构、提高偿债能力并加强风险管理。企业应合理控制债务规模，避免过度负债。在制定融资决策时，企业应充分考虑自身的偿债能力和运营需求，确保债务规模与企业的实际状况相匹配。同时，企业还应积极寻求多元化的融资渠道，如股权融资、债券融资等，以降低对单一融资方式的依赖。企业应提高自身的信誉度。通过加强内部管理、提高产品质量和服务水平等措施，企业可以树立良好的企业形象并赢得市场认可。这不仅有助于降低融资成本，还能增强合作伙伴和投资者的信心，为企业创造更多的商业机会。企业应加强风险管理机制建设。通过建立完善的风险预警系统和应急预案，企业可以及时发现并解决潜在的财务风险。同时，企业还应定期对财务状况进行评估和审计，确保财务信息的准确性和透明度。这有助于企业及时发现问题并采取有效措施，从而降低财务危机成本的发生概率和影响程度。

（三）最优资本结构

1. 最优资本结构的理论基础

静态权衡理论的核心观点在于，存在一个最优的资本结构，能使企业在负债的节税利益与财务危机成本之间找到平衡。这一理论的出现，为企业融资决策提供了新的视角和方法论指导。从广义上说，最优资本结构是指企业在一定时期内，使其加权平均资本成本最低，同时实现企业价值最大化的资本结构。这种结构能使企业充分利用负债的节税利益，同时又能有效地控制财务危机成本，从而确保企业的稳健运营和持续发展。静态权衡理论认为，企业在确定其资本结构时，应综合考虑多方面因素。其中，负债的节税利益和财务危机成本是两个最为重要的考量点。节税利益主要来源于负债的利息支付可以在税前扣除，从而降低企业的应税收入；而财务危机成本则主要体现在过度负债可能带来的破产风险增加、信誉下降等负面影响。因此，企业在确定最优资本结构时，需要在这两者之间找到一个平衡点。

2. 确定最优资本结构的考量因素

在确定最优资本结构时，企业需要权衡多方面的因素。首先，企业要考虑自身的盈利能力和成长潜力。盈利能力强的企业通常可以承担更高的负债率，以享受更多的节税利益；而成长潜力大的企业则需要更多的资金来支持其扩张计划，因此也需要适当提高负债率。企业要考虑市场的宏观经济环境和行业特点。在经济繁荣时期，市场需求旺盛，企业的经营风险相对较低，此时可以适当提高负债率以获取更多的节税利益；而在经济衰退时期，市场风险加大，企业应降低负债率以规避财务危机成本。此外，不同行业的企业所面临的经营风险和市场环境也有所不同，因此最优资本结构也会有所差异。企业还要考虑自身的财务状况和偿债能力。财务状况良好的企业通常具有较强的偿债能力，可以承担更高的负债率；而财务状况不佳的企业则应降低负债率以避免财务危机。同时，企业还要关注自身的现金流状况，确保在偿还债务的同时能够维持正常的运营和发展。

3. 实现最优资本结构的策略与方法

为了实现最优资本结构，企业需要采取一系列策略和方法。首先，企业要建立完善的融资决策机制，明确融资目标和策略，确保融资活动符合企业的长期发展规划。同时，企业要加强与金融机构的沟通和合作，积极寻求多元化的融资渠道和方式，以降低融资成本和风险。企业要加强内部财务管理和风险控制。通过建立健全的财务制度和内部控制机制，确保财务信息的准确性和透明度；同时加强对财务风险的预警和监控，及时发现并解决潜在的财务问题。此外，企业还要加强对员工的培训和教育，增强员工的风险意识和财务管理能力。企业要关注市场动态和政策变化，及时调整融资策略和资本结构。随着市场环境的变化和政策的调整，企业的融资需求和风险也会有所变化。同时，还应加强与政府、行业协会等机构的沟通和合作，共同应对市场变化和政策挑战。

第二节　融资次序理论

一、内部融资优先

（一）内部融资的来源与特点

内部融资主要来源于企业的留存收益和折旧基金等内部积累资金。留存收益是企业从历年实现的利润中提取或形成的留存于企业的内部积累，它来源于企业的生产经营活动所实现的净利润。这部分资金既不需要支付利息，也不需要偿还本金，因此是企业最为稳定且低成本的资金来源。折旧基金则是企业根据固定资产的磨损程度逐渐提取的，用于更新固定资产的专项资金。这些资金随着时间的推移逐渐积累，成为企业可动用的内部资金。内部融资的特点主要体现在其低成本性和自主性上。由于资金来源于企业内部，无须支付额外的融资成本，如利息或手续费等。同时，企业在使用这些资金时具有较大的自主性，不受外部金融机构的约束和限制。这些特点使得内部融资在中小微企业融资策略中具有独特的优势。

（二）内部融资的优势分析

1. 无须支付额外的融资成本

中小微企业在初创期或成长期，往往资金紧张，且盈利能力尚未完全显现。内部融资对于资金实力相对较弱的中小微企业来说，无疑是一种经济实惠的融资方式。

2. 不会稀释原有股东的权益

与股权融资相比，内部融资不会引入新的股东或改变企业的股权结构，从而避免了原有股东权益的稀释。这对于希望保持企业控制权和股权结构的中小微企业来说至关重要。通过内部融资，企业可以在不牺牲股东利益的前提下，实现资金的筹措和业务的扩张。

3. 灵活性与自主性高

内部融资的一大优势在于其高度的灵活性和自主性。企业可以根据自身的经营状况和资金需求，灵活调整融资规模和速度。同时，企业在使用这些资金时，不会受到外部金融机构的严格监管和约束，可以更加自主地决定资金的使用方向和方式。这种灵活性和自主性为中小微企业在复杂多变的市场环境中提供了更多的战略选择和发展空间。

（三）内部融资在中小微企业融资策略中的重要性

基于以上分析，可以看出内部融资在中小微企业融资策略中的重要性。首先，在资金需求量不大或盈利能力较强的情况下，通过内部融资可以满足企业的资金需求，推动企业的持续发展和扩张。其次，内部融资有助于降低企业的融资成本，提高企业的盈利能力。最后，通过内部融资可以保持企业的控制权和股权结构的稳定性，为企业的长远发展奠定坚实基础。然而，值得注意的是，虽然内部融资具有诸多优势，但并非所有中小微企业都能通过内部融资满足资金需求。随着企业的发展和扩张，资金需求会逐渐增加，此时单一的内部融资方式可能无法满足企业的全部资金需求。

二、外部债权融资次之

（一）债权融资的优势与中小微企业的选择

当中小微企业的内部融资无法满足其资金需求时，外部债权融资成了一个重要的补充。债权融资，尤其是银行贷款和企业债券，以其独特的优势吸引着这些企业。首先，从成本角度来看，债权融资的利息支出通常低于股权融资的成本。银行贷款的利率相对固定，且通常低于企业的平均利润率，使债权融资在资金成本上具有明显优势。其次，债权融资不会改变企业的股权结构，因此不会稀释原有股东的股权，这对于希望保持企业控制权的中小微企业来说至关重要。然而，中小微企业在申请银行贷款时可能会遇到信贷配给的问题。这就要求中小微企业在申请贷款时，必须充分展示其还款能力和信用状况，以提高贷款成功率。

（二）提高信用评级以增加贷款成功率

为了提高贷款成功率，中小微企业需要注重提升自身的信用评级。信用评级是银行评估企业贷款风险的重要依据，直接影响企业的贷款额度和利率。同时，企业应按时偿还贷款本息，维护良好的信用记录。此外，中小微企业还可以加强与银行的合作关系，积极参与银行的信贷活动，提升企业在银行体系中的信用度。除了提升信用评级，中小微企业还可以通过增加抵押物价值来提高贷款成功率。银行在审批贷款时，通常会要求企业提供一定的抵押物。因此，中小微企业应充分挖掘自身资产潜力，提供有价值的抵押物来增加银行的信任度。这不仅可以提高企业的贷款额度，还有助于降低银行的贷款风险。

（三）中小微企业的融资策略与未来发展

虽然债权融资具有诸多优势，但并非所有中小微企业都能通过债权融资满足资金需求。因此，企业应根据自身情况和市场环境灵活调整融资策略。例如，在初创期或成长期，企业可以通过股权融资来引入战略投资者或风险投资机构，以获取更多的资金支持和业务发展资源。随着企业的不断发展和壮大，可以逐步增加债权融资的比重，以降低融资成本并保持股权结构的稳定性。同时，中小微企业还应关注政府相关政策和金融机构的创新产品，以获取更多的融资机会和优惠政策。例如，政府设立的担保基金或担保机构可以为企业提供担保服务并降低银行的贷款风险；金融机构推出的创新产品如供应链金融、应收账款融资等也可以为企业提供更多的融资选择。

三、外部股权融资最后考虑

(一) 中小微企业的外部股权融资选择

当中小微企业的资金需求无法通过内部融资和外部债权融资得到满足时，外部股权融资也是一种选择。股权融资，通常包括公开发行股票、引入战略投资者等，能为企业注入大量的资金，支持其业务扩张、研发投入或市场拓展。这种融资方式不同于债权融资，它不需要企业定期偿还本金和利息，从而降低了企业的短期偿债压力。然而，股权融资并非没有代价。最显著的一点是，它会稀释原有股东的权益。新股东的加入意味着原有股东的所有权比例将下降，这可能导致控制权的分散和决策效率的降低。此外，与债权融资相比，股权融资的成本相对较高。这不仅仅体现在直接的融资费用上，还包括因股权稀释而导致的未来利润分流的间接成本。

(二) 股权融资的利弊权衡

尽管股权融资会带来一些负面影响，但在某些情况下，它仍然是中小微企业发展的关键。首先，通过股权融资，企业可以迅速获得大量资金，支持其长期的战略规划和业务发展。这对于处于快速成长期或需要大量资本投入的企业来说尤为重要。引入战略投资者不仅可以带来资金，还可能带来行业资源、管理经验和市场渠道等额外价值。这些战略资源有助于企业在竞争激烈的市场中脱颖而出，实现更快速的发展。然而，企业在享受股权融资带来的好处的同时，也必须谨慎权衡其利弊。股权的稀释可能导致企业控制权的丧失，甚至可能引发管理层的更迭和战略方向的改变。此外，高昂的融资成本也可能对企业的盈利能力产生长期影响。

（三）中小微企业在股权融资中的策略与考量

在考虑股权融资时，中小微企业需要制定周密的策略并进行全面的考量。首先，企业应明确自身的融资需求和目标，确保所筹集的资金能够有效地支持其业务发展。其次，企业需要选择合适的投资者，无论是财务投资者还是战略投资者，都应与企业的长期发展战略相契合。在融资过程中，中小微企业还应注重保护原有股东的权益。这可以通过设置合理的股权结构、制定明确的股东协议以及建立良好的公司治理机制来实现。同时，企业也应与投资者进行沟通和协商，确保双方在融资后能够保持和谐的合作关系。中小微企业在股权融资后应加强对资金使用的监管和风险控制，确保所筹集的资金能够按照既定的计划投入企业的发展中，并为企业创造更大的价值。

第三节　代理理论

一、代理理论的产生背景

代理理论，这一经济学和管理学中的重要理论，其起源与现代社会企业制度的演变紧密相连。随着企业规模的不断扩大和股权结构的日益分散，企业的所有者，即股东们，渐渐发现难以直接参与到每一个经营决策中。这是因为企业的运营日益复杂，要求管理者具备更专业的知识和技能，而股东可能并不具备这些条件。因此，股东们开始寻求专业的经理人，即代理人，来负责企业的日常经营和管理。这些经理人通常具有丰富的行业经验和管理知识，能够更有效地指导企业运营。然而，这种委托—代理关系的形成，也带来了一系列新的问题。其中最核心的问题是信息不对称。由于代理人直接参与企业的经营管理，他们往往比委托人（股东）更了解企业的实际运营情况和市场环境。这种信息上的优势有时会导致代理人的决策与委托人的利益不完全一致，甚至可能出现代理人为了自身利益而损害委托人利益的情况。此外，利益不一致也是一个重要问题。股东追求的是企业整体利益的最大化，而经理人可能更关心自身的薪酬、职业发展等个人利益。这种利益上的分歧，如果得不到妥善处理，可能会导致代理人的行为偏离股东的目标。为了解决这些问题，代理理论应运而生。它不仅深入剖析了委托—代理关系的本质，还提出了一系列激励机制和监督机制，旨在确保代理人的行为能够最大限度地符合委托人的利益。

二、代理理论的核心内容

（一）信息不对等

1. 信息不对称与代理人的机会主义行为

对于企业经营管理的深入了解，使代理人在获取信息上相对于委托人有了显著的优势。信息不对称，简而言之，就是代理人和委托人之间在信息的掌握上存在不平衡。这种不平衡可能导致代理人出现机会主义行为。机会主义行为是指代理人在信息不对称的情况下，为了最大化自身利益而采取的可能损害委托人利益的行为。由于代理人更了解企业的实际运营情况和市场环境，他们可能会选择性地隐瞒某些信息，或者操纵数据，以便在谈判或决策中获得更有利的地位。例如，为了获得更高的奖金或更多的资源，代理人可能会夸大业绩或隐瞒潜在的风险。如果频繁地出现这种行为，会导致委托人对代理人的信任度下降，进而影响双方的合作关系和企业的稳定运营。

2. 减少信息不对称带来的风险的策略

为了应对这种信息不对称带来的风险，委托人需要采取一系列措施来确保代理人的行为符合其利益。这主要包括设计有效的激励机制和监督机制。

（1）设计有效的激励机制

制定激励机制是为了使代理人的利益与委托人的利益趋于一致。通过为代理人提供与其努力程度和业绩紧密挂钩的奖励，可以激励他们更加努力地工作，并减少机会主义行为的发生。股权激励计划就是一种常见的激励机制，它使代理人成为企业的部分所有者，从而使其更加关注企业的长期价值。此外，绩效奖金、晋升机会等也可以作为激励机制的一部分，激发代理人的工作积极性和创新精神。

（2）建立严密的监督机制

除了激励机制，委托人还需要建立严密的监督机制来确保代理人的行为符合规定。这包括定期的内部审计、外部审计以及设立专门的监事会等来监督代理人的行为。通过这些监督机制，委托人可以及时发现并纠正代理人的不当行为，从而降低信息不对称带来的风险。

（二）利益冲突与协调

1. 委托人与代理人之间的利益差异

在委托—代理关系中，经常会发现一个问题：委托人和代理人的利益并不总是完全一致。这种差异主要源于两者所追求的目标不同。委托人，作为企业的所有者或投资者，他们的核心目标是实现企业价值的最大化。这意味着，委托人希望企业能够持续、稳定地发展，从而获得更多的投资回报。为此，他们希望代理人全力以赴，以企业的长远利益为出发点，做出最有利的决策。然而，代理人，即企业的管理者或执行者，他们的利益关注点可能与委托人有所不同。除了关心企业的整体运营状况，代理人可能更加关注自身的薪酬、地位、权力等。这些因素直接影响到代理人的个人利益和职业发展。因此，在决策时，代理人可能会更多地考虑如何维护或提升自己的个人利益，而不是完全基于企业的长远利益考虑。这种利益的不完全一致性，有时会导致委托人和代理人之间的冲突。例如，代理人可能会为了短期的业绩提升而采取一些风险较高的策略，从而损害企业的长期利益。或者，他们可能会利用自己的权力谋取私利，而忽视了企业的整体利益。

2. 协调双方利益的策略：薪酬激励

为了解决这种利益不一致的问题，委托人需要采取一系列措施来协调双方的利益。其中，提供合理的薪酬激励是一种非常有效的方法。首先，委托人可以通过股权激励计划，使代理人成为企业的部分所有者。这样，代理人的利益就与企业的长期价值绑定了。当他们看到自己所持有的股权价值随着企业价值的增长而增长时，就会更有动力为企业的长远发展考虑。其次，绩效奖金也是一种有效的薪酬激励方式。委托人可以根据代理人的工作表现和业绩，给予相应的奖金奖励。这样，代理人就会更加努力地工作，以期获得更高的奖金。同时，绩效奖金的设定也可以与企业的整体业绩和长期目标相结合，从而确保代理人的决策与企业的长远利益一致。除了上述的薪酬激励方式，委托人还可以考虑提供其他的非物质激励，如晋升机会、培训和发展机会等。这些激励方式同样可以帮助协调委托人和代理人之间的利益，促进双方的共赢。

（三）风险分担与激励机制设计

1. 委托人分担代理人经营风险的重要性

在复杂的商业环境中，企业经营不可避免地会面临各种风险。这些风险可能来源于多个方面，例如市场的波动性可能导致产品需求的不确定性，从而带来市场风险；技术的迅速更迭可能导致企业产品或服务过时，从而产生技术风险。这些风险不仅影响着企业的日常运营，也对代理人的经营决策构成挑战。作为企业的委托人，理解并合理分担这些风险是至关重要的。风险分担不仅仅是为了保护代理人的利益，更是为了维护企业的稳定和持续发展。当代理人感受到委托人在风险面前的支持和理解时，他们将更有信心和决心去面对和克服这些挑战。为了合理分担风险，委托人可以采取多种措施。例如，建立完善的风险管理制度，通过多元化投资策略来分散市场风险，或者为代理人提供必要的资源和支持，以增强其抵御风险的能力。此外，委托人还可以通过保险等方式来转移部分风险，进一步减轻代理人的经营压力。

2. 设计激励机制以激发代理人积极性和创新精神

除了风险分担，委托人还需要设计一套有效的激励机制，以激发代理人的积极性和创新精神。这种机制应该既包括物质激励，也包括精神激励，从而全方位地提升代理人的工作动力。在物质激励方面，薪酬和奖金是最直接且有效的手段。委托人可以根据代理人的工作绩效和贡献程度，设定合理的薪酬和奖金体系。这种体系应该既能体现代理人的努力成果，又能激励他们不断追求卓越。例如，可以设定与业绩挂钩的奖金计划，或者实施员工持股计划，让代理人分享企业成长的红利。精神激励同样重要。委托人应该为代理人提供充足的晋升机会和发展空间，让他们看到自己在企业中的未来和可能性。此外，通过授予荣誉称号、举办表彰大会等方式，可以进一步增强代理人的荣誉感和归属感。这种精神上的满足和激励，往往能够激发代理人更深层次的积极性和创新精神。

（四）监督机制与约束条件

1. 建立有效的监督机制以防止机会主义行为

在委托—代理关系中，为了防止代理人的机会主义行为，建立有效的监督机制是至关重要的。内部审计是一种重要的内部监督机制。通过定期对企业的财务状况、业务流程和管理制度进行全面审查，内部审计可以发现潜在的问题和风险，并及时提出改进建议。这有助于确保代理人在经营过程中遵守企业的规章制度，防止其利用信息不对称进行投机。除了内部审计，外部审计也是不可或缺的。外部审计由独立的第三方机构进行，其客观性和公正性更强。通过外部审计，委托人可以获得关于企业经营状况和财务报告的独立意见，从而更加准确地评估代理人的工作表现。这种监督机制有助于发现代理人在财务报告方面的舞弊行为，保护委托人的利益。此外，设立监事会也是一种有效的监督手段。监事会由委托人、股东和其他利益相关者组成，负责对企业的管理层进行监督。监事会可以定期审查企业的运营情况，对代理人的决策和行为进行评估，确保其符合企业的利益和目标。通过监事会的监督，委托人可以及时发现并纠正代理人的不当行为，防止机会主义行为的发生。

2. 通过合同和法律手段约束代理人行为

除了建立监督机制，委托人还需要通过签订合同和采取法律手段对代理人进行约束。合同是明确双方权利和义务的重要文件，委托人可以在合同中详细规定代理人的职责、行为准则和违约责任等条款。这样，一旦代理人出现机会主义行为或违反合同约定，委托人可以依据合同条款采取措施来维护自己的权益。同时，法律手段也是对代理人进行有效约束的重要方式。委托人应该了解并遵守相关法律法规，确保企业的经营活动合法合规。在发现代理人存在违法行为或道德失范时，委托人可以及时向有关部门举报并协助调查。通过法律途径追究代理人的法律责任，不仅可以维护企业的声誉和利益，还能对代理人产生震慑作用，防止机会主义行为发生。

三、代理理论的应用领域

（一）公司治理

公司治理是现代企业运营中的关键环节，它关注如何有效地监控公司的运作，以确保所有利益相关者的利益最大化。在这一框架内，代理理论成了一个重要的分析工具，尤其用于深入探讨股东与经理人之间的关系。股东作为公司的所有者，追求的是公司长期价值的最大化，而经理人，作为股东的代理人，负责公司的日常运营和管理，追求的是短期利益，实现自身利益最大化。由于信息不对称和利益诉求的差异，股东与经理人之间往往存在利益冲突。这种冲突可能表现为经理人的机会主义行为，例如过度投资、在职消费或其他损害股东利益的行为。为了解决这种利益冲突，公司治理中引入了代理理论。代理理论强调设计合理的激励机制和监督机制，以确保经理人的行为与股东的利益一致。在激励机制方面，可以通过股权激励、绩效奖金等方式，使经理人的收益与公司的业绩和股东的利益紧密相连。这样，经理人就有更大的动力为股东创造价值。同时，监督机制也是不可或缺的。这包括加强内部审计、设立独立董事、完善信息披露制度等措施。通过这些监督手段，股东可以更有效地监控经理人的行为，确保其符合公司的长期利益。

（二）金融市场

金融市场作为现代经济体系的重要组成部分，涉及多方参与者的复杂交互。在这个市场中，投资者与金融机构之间的关系构成了一种典型的委托—代理关系。投资者，作为委托人，将资金托付给金融机构，即代理人，以期获得投资收益。然而，由于信息不对称和市场不确定性，投资者往往难以完全了解和掌握金融机构的具体操作方式和风险状况。代理理论在金融市场中的应用，为投资者提供了一种理解和评估金融机构行为及风险的有效工具。通过代理理论，投资者可以更加深入地分析金融机构可能存在的道德风险和机会主义行为，进而做出更为明智的投资决策。此外，代理理论还强调了激励机制和监督机制在金融市场中的重要性。投资者可以通过设计合理的激励机制，如与金融机构共享投资收益，来激励金融机构更加积极地为投资者创造价值。同时，通过加强监督，如定期审查金融机构的运营报告和风险控制措施，投资者可以及时发现并纠正金融机构的不当行为，降低投资风险。

（三）公共管理

在公共管理领域，政府和公务员之间的关系构成了一种特殊的委托—代理关系。政府作为委托人，将公共服务的提供和管理任务委托给公务员执行，而公务员则作为代理人，负责具体落实政策和服务措施。然而，由于双方目标的差异和信息的不对称，这种委托—代理关系中也存在着一定的挑战和问题。代理理论在公共管理中的应用，为政府设计有效的激励和监督机制提供了重要的参考。首先，通过合理的激励机制，政府可以激发公务员的工作积极性和创新精神。例如，设立绩效奖金、提供晋升机会等，都可以作为激励手段，鼓励公务员更加努力地工作，提高公共服务的效率和质量。同时，有效的监督机制也是必不可少的。政府可以通过定期的绩效评估、审计和公众反馈等方式，对公务员的工作进行监督和评价。这不仅可以及时发现和纠正公务员在工作中的问题和不足，还可以增强公务员的责任感和使命感，促使其更加尽职尽责地为公众服务。

四、代理理论的挑战与局限性

（一）理论假设的局限性

1. 理论假设的局限性：理性经济人假设的偏差

代理理论作为经济学和管理学中的一个重要理论，其基础假设之一是委托人和代理人都是理性的经济人，他们的行为都以追求自身利益最大化为原则。这一假设在理论构建和模型推导中起到了关键的作用，使研究者能够以一种相对简化的方式来理解和预测经济行为。然而，这种假设在现实中却存在着不小的局限性。首先，理性经济人假设忽略了人的情感因素。在现实生活中，人们的决策并不仅仅是基于经济利益的计算，情感也起着非常重要的作用。例如，一个代理人可能出于对委托人的忠诚、感激或是其他情感因素，而选择放弃更高的经济利益，坚持执行对委托人有利的决策。这种情况下，代理人的行为就明显偏离了理论预测。此外，道德和社会规范也对人的行为有着深远的影响。人们往往会在道德的约束下，选择放弃某些看似有利可图但不符合道德规范的行为。社会规范也在无形中塑造着人们的行为模式，使个体在决策时会考虑到社会期望和群体压力。这些因素在代理理论中并没有被充分考虑，因此当代理人的行为受到道德或社会规范的影响时，其实际行为也可能与理论预测产生较大的偏差。

2. 现实世界的复杂性对代理理论的影响

除了上述的情感、道德和社会规范因素，现实世界的复杂性也是导致代理理论预测偏差的重要原因。在现实世界中，经济环境是动态变化的，信息也是不完全和不对称的。这些因素都增加了代理人在决策过程中的不确定性和风险。例如，代理人可能需要在信息有限的情况下做出决策，这就增加了决策失误的可能性。同时，由于经济环境的动态性，即使代理人作出了正确的决策，也可能因为环境的变化而导致结果的不确定。这些因素都是代理理论在构建模型时难以预测的。此外，现实世界中的委托—代理关系也远比理论中描述的更为复杂。在实际情况中，一个代理人可能同时扮演着多个角色，既是某个委托人的代理人，同时也可能是其他委托人的委托人。这种复杂的网络关系使代理人的行为更加难以预测和控制。

（二）激励机制的复杂性

1. 企业文化对激励机制设计的影响

企业文化是一个组织内部共享的价值观、信仰和行为准则，它深刻影响着员工的工作态度和行为模式。在设计激励机制时,必须充分考虑到企业文化的特点。例如,在强调团队合作和集体主义的企业文化中,过于强调个人绩效的激励机制可能会破坏团队内部的和谐与协作。相反,在注重创新和个人能力的企业文化中,若不提供足够的个人激励,则可能抑制员工的创造力和积极性。此外,企业文化的差异也意味着没有一种"放之四海而皆准"的激励机制。每个企业都需要根据自己的文化特点来定制激励机制,这无疑增加了设计的复杂性。设计师们只有深入理解企业的核心价值观和员工期望,才能制定出既符合企业文化又能有效激励员工的机制。

2. 市场环境、法律法规对激励机制设计的制约

市场环境的动态变化对激励机制的设计提出了更高的要求。在竞争激烈的市场中,企业需要不断调整激励机制以保持对员工的吸引力和激励效果。例如,在经济增长迅速、就业机会多的时期,员工可能更容易跳槽,此时企业需要提供更具吸引力的激励措施来留住人才。同时,法律法规也是设计激励机制时必须考虑的重要因素。劳动法、税法等相关法律规定了员工薪酬、福利等方面的基本标准和限制,企业在设计激励机制时必须确保合规性。例如,某些国家或地区可能对高管薪酬有上限规定,或者对股权激励等特定激励方式有具体的税务处理要求。这些法律法规不仅限制了激励机制的选择空间,还可能增加企业的合规成本和风险。

(三) 信息不对称的难以消除

1. 信息不对称的根源与难以消除的原因

信息不对称的根源在于信息获取和处理的成本、信息传递的障碍以及信息保密的需要。例如,在金融市场中,投资者可能难以全面了解公司的真实财务状况和未来发展前景,因为公司可能有动机隐瞒或选择性地披露信息。同样,在公共管理领域,政府可能无法完全掌握公务员的工作努力程度和服务质量,因为公务员可能有机会隐藏或夸大自己的工作表现。尽管代理理论提供了一些缓解信息不对称的方法,如信息披露制度、监督机制、激励机制等,但在现实中这些方法往往难以完全消除信息不对称。一

方面，信息收集和处理的成本可能非常高，委托人难以承受；另一方面，代理人可能有动机和能力隐藏或操纵信息，以最大化自己的利益。此外，信息传递过程中的噪音和失真也是信息不对称难以消除的原因之一。

2. 信息不对称对委托人利益的影响

持续存在的信息不对称可能导致代理人的机会主义行为。所谓机会主义行为，是指代理人在信息不对称的情况下，利用自己的信息优势来最大化自己的利益，而损害委托人的利益。例如，在金融市场中，如果投资者无法全面了解公司的真实状况，公司管理层就有可能利用这一信息不对称来操纵股价或进行内幕交易，从而损害投资者的利益。除了机会主义行为，信息不对称还可能导致逆向选择和道德风险问题。逆向选择是指由于信息不对称，委托人可能选择那些看似表现良好但实际上风险较高的代理人。道德风险则是指代理人在信息不对称的情况下可能采取不负责任的行为，因为他们知道自己的行为不会被委托人完全观察到。这些问题都会对委托人的利益造成潜在的损害。为了解决信息不对称带来的问题，委托人可以采取一些措施。例如，建立完善的信息披露制度，要求代理人定期、全面、准确地披露相关信息；加强监督机制，通过内部审计、外部审计等方式来核实代理人提供的信息；设计合理的激励机制，使代理人的利益与委托人的利益更加一致，从而减少机会主义行为的动机。然而，这些措施并不能完全消除信息不对称，而是需要在实践中不断摸索和完善。

第四节　生命周期理论

一、生命周期理论概述

生命周期理论凸显了一个过程视角，深刻揭示了世间万物的发展规律。这一理论明确指出，无论是产品、项目、企业，还是更为广泛的生物、技术、社会现象，都存在一个明确的生命周期。这个周期，从起始阶段的探索与尝试，到成长阶段的迅速扩张，再到成熟阶段的稳定与巩固，最后进入衰退阶段，每一个阶段都有其特征和任务。在起始阶段，新事物初露锋芒，充满了未知与探索。这时，面临的挑战主要是如何获得市场的初步认可，并确定其在市场或社会中的位置。而机遇则隐藏在那些敢于尝试、勇于创新的实体中，只有不断创新和调整，才能确保新事物能够成功地从起始阶段过渡到成长阶段。成长阶段则是一个事物真正崭露头角的时候。随着市场的逐渐接受和认可，它开始获得更多的资源和机会，但同时也面临着更为激烈的竞争。如何在竞争中脱颖而出，保持增长态势，是这个阶段需要解决的主要问题。到了成熟阶段，事物已经达到了一个相对稳定的状态，市场份额、技术水平和品牌影响力都已经相对稳定。但这也意味着创新的空间在逐渐减少，如何保持现有的优势，防止被后来者超越，是这个阶段的主要任务。最后，衰退阶段是一个事物生命周期的尾声。随着市场需求的变化、技术的进步或替代品的出现，原本的事物可能逐渐失去其竞争优势。但衰退并不意味着消亡，如何通过创新、转型或合作来寻找新的增长点，是这个阶段需要考虑的问题。

二、生命周期理论的四个阶段

（一）起始阶段（引入期）

在起始阶段，一个新的实体如同初生的婴儿，带着无尽的可能性和潜力，踏入了市场或环境的大门。这个阶段的每一步都充满了创新与探索的气息，但同时也伴随着不确定性的阴霾。由于是新生事物，它面临着市场的初步审视和接纳过程，这使其需求表现出不稳定性。市场对于这种新实体的了解尚浅，消费者可能还在观望，或者对其持保守态度。除此之外，新的实体在这一阶段还缺乏丰富的实战经验和充足的数据支持，这无疑增加了其运营的风险。每一次的尝试都像是摸着石头过河，稍有不慎，就可能遭遇市场的冷遇或消费者的质疑。但正是这种未知和挑战，也孕育了无限的机遇。为了在这个陌生的市场中站稳脚跟，新的实体不能坐以待毙。它需要积极地走出去，通过各种渠道进行市场推广，让更多的消费者了解到它的存在和价值。同时，品牌建设也是关键。一个响亮、有辨识度的品牌名，一个独特、深入人心的品牌形象，都能帮助这个新实体在市场上更快地获得认可。但仅仅依靠市场推广和品牌建设是远远不够的。新的实体还需要不断地优化自己的产品或服务，确保它们能够满足市场的真实需求。这需要实体保持敏锐的市场触觉，时刻关注消费者的反馈，及时调整自己的策略和方向。同时，对于市场动态和竞争对手的动向，新的实体也需要保持高度的警觉，以在瞬息万变的市场中立于不败之地。

(二) 成长阶段 (成长期)

进入成长阶段，实体已经逐渐从市场的新手转变为受认可的参与者。随着市场对其产品或服务的逐步认可和接受，需求开始趋于稳定，并且有了明显的增长势头。这个阶段，就像是青春期一样，充满了活力和冲劲。实体的规模开始扩张，市场份额逐步增加，但这也意味着竞争日益加剧。为了在这场激烈的市场竞争中脱颖而出，实体必须持续努力，加大各方面的投入。生产规模的扩大是成长阶段的重要任务之一。随着需求的增长，原有的生产能力可能已经无法满足。因此，实体需要通过引进更先进的生产设备、优化生产流程、提高生产效率等方式来扩大生产规模，确保能够及时、高效地为消费者提供所需的产品或服务。除了扩大生产规模，提高产品质量也是关键。在成长阶段，实体已经积累了一定的市场经验，对消费者的需求和喜好有了更深入的了解。因此，实体应该根据市场的反馈，不断优化产品设计，提升产品质量，以满足消费者日益增长的需求。同时，为了进一步增强品牌影响力，实体还需要在市场推广和品牌建设上持续投入。通过加大广告宣传力度、参与行业展会、开展促销活动等方式，提高品牌的知名度和美誉度，从而吸引更多的消费者。在这一阶段，管理层的决策和战略规划显得尤为重要。企业需要明确自己的市场定位，知道自己想要什么，以及如何达到目标。应该制定切实可行的扩张计划，同时优化内部的运营管理，确保各项计划能够得到有效执行。此外，人才培养和团队建设也不容忽视。一个优秀的团队是企业持续发展的基石，因此，企业需要注重人才的选拔和培养，打造一支高效、协作的团队，以确保企业能够在激烈的市场竞争中立于不败之地。

（三）成熟阶段（成熟期）

随着市场份额的稳固和竞争格局的日益清晰，实体逐渐步入了成熟阶段。在这一阶段，企业已经拥有了相对稳定的市场份额，增长速度逐渐放缓，而盈利能力也趋于稳定。这种稳定性虽然带来了经营的可预测性和风险降低，同时也意味着市场已趋于饱和，新的创新机会和空间变得相对有限。面对成熟阶段的挑战，企业需要转变战略。成本控制成为这一阶段的关键任务之一。通过精细化管理，企业可以更有效地利用资源，减少不必要的浪费，从而降低成本，提高盈利能力。这包括但不限于优化采购过程、改进生产流程、提高员工效率等。除了成本控制，效率提升也是成熟阶段企业必须关注的重点。随着市场竞争加剧，高效运营成为企业保持竞争力的关键。企业需要不断寻求流程优化、技术创新等方式来提高生产效率和服务效率，以满足客户对速度和质量的双重要求。同时，服务质量也是不容忽视的一环。在成熟阶段，客户满意度直接关系到企业的品牌形象和市场份额。通过提供优质的服务，企业不仅能够留住老客户，还能吸引新客户，进一步扩大市场份额。此外，为了在有限的市场中寻找新的增长点，多元化发展和市场拓展成为企业的必然选择。多元化发展可以帮助企业分散风险，拓展新的业务领域。市场拓展则意味着向新的地理区域或消费群体推广产品或服务，以寻找新的增长机会。

（四）衰退阶段（衰退期）

随着时间的推移和市场的不断变化，每个实体都会面临生命周期中的衰退阶段。在这一阶段，市场份额的下滑、盈利能力的衰退以及替代品的涌现，都是不可忽视的警示信号。面对这些挑战，实体不能坐视不理，而应积极采取措施，并努力探寻新的发展契机。创新是应对衰退的有效手段之一。企业可以通过研发新产品或服务，来满足市场日益变化的需求。这种创新不仅限于产品的更新换代，更包括服务模式的革新、营销策略的创意等。通过创新，企业能够重新激发市场的兴趣，为自己赢得新的生长空间。转型也是一种值得考虑的策略。随着行业的发展变革，企业可能需要调整自己的业务模式，以适应新的市场环境。这种转型可能涉及产品线的调整、目标市场的转换，甚至是整个商业模式的重塑。通过转型，企业能够跳出原有的框架，寻找到新的增长点。此外，合作也是一个不容忽视的选项。在衰退阶段，企业可以寻求与其他实体，甚至是竞争对手的合作，以实现资源的共享和优势互补。这种合作可以是技术上的联合研发，也可以是市场上的共同推广。通过合作，企业能够降低自身的风险，同时借助外部力量来加速自身的发展。

三、生命周期理论的意义与应用价值

（一）为管理者提供指导原则

生命周期理论为管理者提供了一种全新的视角来审视和管理企业或项目。通过识别实体所处的生命周期阶段，管理者可以更加精准地制定和实施相应的策略。在起始阶段，管理者需要重点关注市场的初步接受程度和产品的创新度，灵活调整以适应市场的不确定性。进入成长阶段后，随着市场份额的扩大，管理者应加大投入以扩大生产规模，提高产品质量，并加大市场推广力度，以增强品牌影响力。到了成熟阶段，管理者则需要更加注重成本控制、效率提升和服务质量，以巩固市场地位并提高客户满意度。而在衰退阶段，管理者则需要通过创新、转型或合作来应对市场份额的下降和替代品的威胁，寻找新的增长点。这种基于生命周期的管理策略，不仅能够帮助管理者更好地把握市场动态和竞争态势，还能够提高管理效率和效果，促进实体的持续发展。例如，在产品开发过程中，通过识别产品所处的生命周期阶段，管理者可以更加合理地分配资源，优化产品设计和生产流程，从而提高产品的市场竞争力。在项目管理中，生命周期理论同样具有指导意义。项目管理者可以根据项目的不同阶段制定计划和策略，以确保项目的顺利进行和成功完成。

（二）辅助投资者评估投资机会和风险

生命周期理论对于投资者同样具有重要的应用价值。投资者可以利用这一理论来更好地评估投资机会和风险，并做出明智的投资决策。在投资决策过程中，了解被投资对象所处的生命周期阶段是至关重要的。不同阶段的企业或项目具有不同的投资价值和风险特点。例如，在起始阶段的企业往往具有较高的不确定性和潜在的高回报，但同时也伴随着较高的投资风险。而成熟阶段的企业则通常具有稳定的盈利能力和较低的风险水平，但增长潜力可能相对有限。运用生命周期理论，投资者可以更加全面地评估被投资对象的潜在价值和风险水平，从而做出更加理性的投资决策。例如，在选择股票投资时，投资者可以结合企业的生命周期阶段和行业发展趋势来综合分析企业的盈利能力和成长潜力。在进行风险投资或私募股权投资时，生命周期理论同样可以帮助投资者更好地把握项目的成长潜力和退出时机。

第五节　金融抑制理论

一、金融抑制理论的核心观点

金融抑制理论的核心观点在于揭示政府过度干预金融市场的负面影响。在发展中国家，为了维护经济的稳定和发展，政府往往会实施一系列的金融管制措施。然而，这些措施往往会扭曲金融市场的供求关系，导致资金分配的低效和不公。具体来说，政府通常会设定利率上限，以此来控制借贷成本。然而，过低的利率往往会导致资金供不应求，使信贷资源流向那些与政府关系密切的大企业，而中小微企业则难以获得必要的融资支持。此外，政府还可能通过干预外汇市场来维持本币的稳定。然而，这种做法往往会高估本币价值，使国内商品的出口受到抑制。为了鼓励出口，政府可能会采取出口补贴和退税等措施，但这些措施通常只针对具有出口权的大型企业，中小微企业往往无法享受这些优惠政策。

二、金融体制对中小微企业的影响

（一）融资难问题

在金融抑制的环境下，中小微企业的融资难问题尤为突出。政府的利率限制政策本意是为了稳定金融市场和保护消费者利益，然而这种政策往往导致了资金市场的扭曲。由于利率被人为压低，银行在分配信贷资源时，更倾向于那些风险较低、与政府有关联或是有足够抵押品的大型企业。中小微企业，尤其是初创期和成长期的企业，往往缺乏足够的抵押物或是稳定的经营历史来证明自己的信用。这使它们在向银行贷款时处于不利地位。即便有些中小微企业有着很好的发展前景和创新项目，但由于无法满足银行严格的贷款条件，难以获得必要的融资支持。此外，由于信贷资源的稀缺性，即便中小微企业能够获得贷款，也通常需要支付额外的费用或是接受更为苛刻的贷款条件，这些都是他们必须承担的隐性成本。

（二）发展受限

在金融抑制的环境下，中小微企业面临的发展受限问题，主要体现在扩大规模、技术升级和市场拓展等多个方面。由于长期的融资难题，这些企业往往缺乏足够的资金来支持其成长和创新。资金，作为企业运营和发展的"血液"，其重要性不言而喻。没有足够的资金支持，企业就难以购买先进的设备、引进优秀的人才、加大研发投入或者进行有效的市场推广。具体来说，中小微企业在扩大生产规模时，需要投入大量资金用于购买设备、租赁或扩建厂房、招聘新员工等。然而，由于融资难，这些计划往往被迫搁置或缩减规模，导致企业无法充分利用市场机遇，实现规模效应。在技术提升方面，中小微企业通常需要持续投入研发资金，以保持产品和服务的竞争力。然而，资金短缺往往限制了企业的技术创新能力，使企业难以跟上行业的技术进步，甚至可能因技术落后而被市场淘汰。市场拓展同样需要资金支持。无论是开展市场营销活动，还是开拓新的销售渠道，都需要企业投入资金。然而，由于融资难，中小微企业往往只能局限于现有的市场和客户群体，难以拓展新的市场领域。

（三）竞争力下降

竞争力下降是中小微企业在金融抑制环境下所面临的严峻挑战之一。在这种环境下，中小微企业往往难以获得与大型企业同等的竞争条件，使得它们在市场竞争中处于明显的劣势地位。大型企业由于规模庞大、实力雄厚，通常更容易获得银行的信贷资源和政府的政策支持。这些资源和支持为大型企业提供了更多的资金和市场优势，使它们能够在技术研发、品牌推广、市场拓展等方面进行更多的投入，从而进一步巩固和扩大市场份额。相比之下，中小微企业在资金、技术和市场渠道等方面都存在较大的限制。由于融资难，它们往往无法像大型企业那样进行大规模的市场推广和技术研发，导致产品和服务难以与大型企业相抗衡。同时，中小微企业在供应链管理、人才培养等方面也可能因资金短缺而受到限制，进一步削弱了它们的竞争力。此外，金融抑制环境下的政策支持往往更倾向于大型企业，这也加剧了中小微企业的竞争劣势。这种不公平的竞争环境使中小微企业在市场竞争中更加被动。为了改变这一现状，政府和社会各界需要共同努力，为中小微企业提供更多的政策支持和融资机会，以创造更加公平的市场竞争环境。同时，中小微企业自身也需要积极寻求创新和发展路径，提升自身的核心竞争力，以在市场竞争中立足。

三、金融抑制的成因及后果

（一）金融抑制的主要成因

1. 政府对金融市场的过度干预

政府对金融市场的过度干预是金融抑制的首要成因。在许多发展中国家，政府为了维护经济的稳定和控制力，常常通过设定利率上限、实施信贷配给政策等手段来干预金融市场。这些干预措施虽然短期内可能带来一定的稳定效果，但长期来看，却扭曲了金融市场的供求关系，阻碍了资金的自由流动和优化配置。

2. 不完善的金融市场机制

不完善的金融市场机制也是导致金融抑制的重要原因。在一些国家和地区，金融市场的发展尚处于初级阶段，市场机制不健全，缺乏有效的监管和风险防范体系。这使得金融市场的运行效率低下，资金难以流向最有效率的使用者，从而加剧了金融抑制的现象。

（二）金融抑制的后果

金融抑制的后果是多方面的，不仅影响了金融体系的发展，还阻碍了经济的增长和社会进步。以下将从 3 个方面详细阐述金融抑制的后果。

1. 限制金融体系发展

金融抑制首先限制了金融体系的发展。在金融抑制的环境下，金融市场的自由度和灵活性受到严重限制，金融机构的创新能力和服务效率也因此受到制约。这使金融市场无法充分发挥资源配置的作用，导致资金无法流向最有效率的领域和项目。长期来看，这种限制将严重阻碍金融体系的健康发展和创新能力的提升。

2. 阻碍经济增长和发展

金融抑制还严重阻碍了经济的增长和发展。中小微企业是经济增长的重要推动力之一，它们为经济发展提供了大量的就业机会和创新动力。然而，在金融抑制的环境下，中小微企业往往难以获得必要的融资支持，限制了其发展空间和潜力。这不仅影响了企业的成长和创新发展，也制约了整个经济的增长速度和质量。

3. 扩大社会贫富差距和增加社会不稳定因素

金融抑制还可能导致社会贫富差距的扩大和社会不稳定因素的增加。在金融抑制的环境下，富有的个人和企业往往能够通过非正规渠道获取更多的信贷资源，而贫困人群和小微企业则难以获得融资支持。这种不公平的金融环境加剧了社会的贫富差距和不平等现象。同时，金融抑制导致的经济发展滞后和就业机会减少等问题，还可能引发社会不满和动荡，增加社会不稳定因素。

四、解决金融抑制问题的建议

（一）放松金融管制

放松金融管制是当前经济环境下政府应积极推进的重要改革措施。为了充分发挥市场在资源配置中的基础性作用，政府需要逐步减少对金融市场的管制力度，让金融活动更加市场化，从而提高金融体系的效率和灵活性。放宽利率限制是放松金融管制的重要一环。在现有的管制政策下，利率往往由政府设定上限，这在一定程度上扭曲了资金的价格信号，导致资金无法有效流向最需要的地方。放宽利率限制，让利率根据市场供求自由浮动，能够更好地反映资金的真实成本，引导资金向更高效、更有前景的行业和项目流动。此外，减少信贷配给政策也是放松金融管制的重要方面。信贷配置政策往往使一部分企业，尤其是中小微企业难以获得足够的信贷资源，限制了它们的发展空间。减少信贷配给，让银行根据市场风险自主决定信贷投放，能够更公平、更有效地分配信贷资源，支持更多有潜力、有创新能力的企业发展。

（二）完善金融市场机制

完善金融市场机制是提升金融体系整体效率、保障市场稳定健康发展的关键。政府在此过程中的角色至关重要，其应该通过加强金融市场的监管和完善市场机制，有效提高金融市场的透明度和公平性。加强监管不仅是为了防止金融欺诈和操纵市场，更是为了保护投资者的合法权益。政府需要建立健全的监管体系，明确监管职责，对金融市场进行全方位的监督和管理。这包括对金融机构的资质审核、业务范围的界定，以及对市场异常波动的及时应对等。同时，完善市场机制也是重中之重。市场机制的完善意味着价格发现功能的提升和资源配置效率的优化。政府应该推动金融市场的基础设施建设，比如建立高效、安全的交易系统，完善信息披露制度，确保市场信息的及时性、准确性和完整性。这些措施都有助于减少信息不对称的问题，增强市场的公平性和透明度。提高金融市场的透明度，可以让所有市场参与者更加清晰地了解市场动态和交易情况，从而减少不必要的猜测和误判。而公平性的提升，则能够确保每一位市场参与者都能在相同的规则下进行交易，不遭受任何不公正的待遇。

（三）支持中小微企业融资

为了缓解中小微企业融资难的问题，政府应积极出台相关政策，以鼓励金融机构向这些企业提供更多的融资支持。中小微企业作为经济的重要组成部分，其健康发展和创新能力的释放，对于经济增长和就业创造具有不可替代的作用。因此，政府需要从多方面入手，构建支持中小微企业融资的政策体系。首先，政府可以设立专门的中小微企业融资担保机构。这类机构将为中小微企业提供信用担保，增强它们的信用评级，从而降低金融机构的贷款风险。担保机构的介入，将使中小微企业在寻求融资时更具竞争力，也更容易获得金融机构的青睐。其次，政府还可以提供税收优惠政策来降低中小微企业的融资成本。例如，可以对中小微企业的贷款利息进行税收减免，或者对提供融资支持的金融机构给予税收上的优惠。这些措施将有效降低中小微企业的融资成本，提高其融资意愿和能力。例如，可以推广供应链金融、应收账款融资等新型融资模式，帮助中小微企业盘活存量资产，提高资金使用效率。

（四）加强金融教育和培训

加强金融教育和培训，对于提升中小微企业的金融素养和融资能力至关重要。在现今日益复杂的金融环境下，中小微企业若想更有效地利用金融工具来支持自身发展，就必须具备一定的金融知识和能力。政府在这一方面的作用举足轻重。首先，政府可以定期组织金融知识讲座或研讨会，邀请金融专家为中小微企业的负责人和财务人员深入浅出地普及金融知识。这样的活动不仅能帮助他们理解基础的金融概念，如借贷、利率、风险等，还能让他们了解如何利用这些金融工具来优化企业的资金结构,降低融资成本。其次,政府还可以与高等院校、职业培训机构等合作,开设针对中小微企业的金融培训课程。这些课程可以涵盖财务管理、风险评估、融资策略等多个方面,旨在帮助中小微企业建立起一套科学、系统的金融管理体系。此外,政府还可以通过线上平台,如官方网站或移动应用,定期发布金融知识普及资料和融资案例分析,让中小微企业在日常经营中能够随时学习和参考。

第三章 中小微企业融资的模式分析

第一节 中小微企业外源融资：债权融资

一、债权融资的特点

（一）保持股权结构

保持股权结构是债权融资相较股权融资的一大显著优势。在中小微企业的发展过程中，股权结构的稳定对其长期战略规划和持续运营至关重要。债权融资在这一方面具有独特的优势，因为它不涉及企业股权的转让或增发，不会使企业的股权结构产生任何改变。具体来说，当企业进行股权融资时，通常需要向投资者出售或增发股份，这会导致原有股东的股权比例降低，甚至可能影响到企业的控制权和决策权。尤其对于中小微企业来说，其创始人和原始股东往往对企业的经营理念和发展方向有着深厚的情感和独特的见解，股权的稀释可能会对他们的控制力和企业战略产生不利影响。相比之下，债权融资则完全不会触及企业的股权结构。在债权融资中，企业是通过向债权人借款来获得资金，而不是通过出售股权。因此，原始股东的控制权和股权比例都保持不变。这意味着，无论借款多少，企业的决策权和管理权都牢牢掌握在原始股东手中，从而确保了企业经营理念的连续性和稳定性。此外，保持股权结构的稳定还有助于维护企业的内部和谐与团结。在股权结构频繁变动的情况下，企业内部可能会出现权力斗争和利益冲突，这对于企业的健康发展是极为不利的。而债权融资则能够避免这种情况的发生，有助于企业形成稳定和谐的内部环境，从而更好地应对外部市场的挑战。

（二）固定回报

固定回报是债权融资的一个重要特点，它意味着债权人在借贷关系中享有的是固定的利息回报，而不参与企业的利润分配。这一特点对于债权人和企业来说，都具有重要的意义。对于债权人而言，固定回报提供了一种稳定的收益来源。在债权融资中，利息回报是事先约定的，不受企业经营状况的影响。这意味着无论企业经营好坏，债权人都能按照约定的利率获得固定的利息收入。这种稳定性使得债权投资成为一种相对低风险的投资方式，吸引了大量保守型投资者。对于企业来说，固定回报的债权融资方式也有其独特的优势。首先，它不会稀释企业的股权，保护了原始股东的利益。其次，由于债权人只享有固定的利息回报，不参与企业的利润分配，企业在经营过程中具有更大的自主权。企业可以根据自己的经营状况和市场需求，灵活调整利润分配策略，而不必担心债权人的干预。此外，固定回报的债权融资方式还有助于企业优化资本结构。通过合理安排债权和股权的比例，企业可以降低资本成本，提高财务杠杆效应，从而实现股东财富的最大化。同时，稳定的债权回报也有助于提升企业的信用评级，为企业未来的融资活动创造有利条件。

（三）还款义务

还款义务是债权融资的核心要素之一，它强调企业在借款后必须履行按期偿还本金和利息的责任。这一义务不仅关乎企业的信誉，更涉及企业的法律责任。在债权融资中，企业与债权人之间签订了详细的借贷合同，其中明确规定了还款期限、还款金额以及违约责任等相关条款。企业必须严格遵守合同中的还款约定，按期足额偿还本金和利息。这是企业作为借款人应尽的基本义务，也是维护企业信誉和保持良好借贷关系的基石。若企业卡能按时履行还款义务，将构成合同违约，不仅会影响企业的信用记录，还可能导致债权人采取法律手段来维护自身权益。当企业无法按期偿还债务时，可能会面临一系列的法律后果。债权人可以通过法律途径追讨债务，包括但不限于向法院提起诉讼、申请强制执行等。这不仅会给企业带来额外的法律风险和财务负担，还可能对企业的声誉和经营造成严重影响。

（四）资金成本

资金成本是企业融资决策中的重要考虑因素，它直接影响到企业的盈利能力和财务状况。在债权融资中，资金成本相对较低，这主要得益于利息支付的税前扣除所产生的税盾效应。所谓税盾效应，是指在计算企业应税收入时，债权融资所产生的利息支出可以作为财务费用在税前扣除，从而降低企业的应纳税所得额，进而减少企业的所得税支出。这种税收优惠政策实际上为企业节省了一部分税款，使债权融资的实际资金成本降低。具体而言，当企业通过债权融资筹集资金时，需要支付的利息成为企业的财务费用。在税法允许的范围内，这部分费用可以在计算应纳税所得额时予以扣除。这样一来，企业的应税收入相应减少，所需缴纳的税款也随之减少。这种税盾效应实际上降低了企业的资金成本，使债权融资相比其他融资方式更具有成本效益。此外，债权融资的资金成本相对较低还与其稳定的回报要求有关。相较股权投资者对高收益的期望，债权投资者通常只要求获得固定的利息回报。这使得债权融资的资金成本在一般情况下会低于股权融资的资金成本。

二、债权融资的优势

（一）资金成本低

资金成本低是债权融资相较股权融资的一大显著优势。在企业筹集资金的过程中，资金成本是一个至关重要的考量因素，它直接关系到企业的盈利能力和财务健康状况。在股权融资中，投资者购买企业的股份，成为企业的部分所有者，并期望从企业的未来利润中获得回报。这意味着，如果企业经营成功，利润大幅增长，股权投资者将分享到这部分增长的红利。因此，股权投资者往往期待较高的回报率，这增加了企业的资金成本。相对而言，在债权融资中，债权人提供资金给企业，但并不成为企业的所有者，而是按照约定的利率定期收取利息。债权人不参与企业的利润分配，无论企业经营状况如何，他们只要求固定的利息回报。这使债权融资的资金成本相对稳定且通常较低。此外，债权融资还具有税盾效应，即企业支付的利息可以在税前扣除，进一步降低实际的资金成本。这种成本优势使得债权融资成为许多企业在需要外部资金时的首选方式。特别是在企业盈利能力稳定，且预期未来利润增长有限的情况下，债权融资的低成本优势更加明显。

（二）保持控制权

保持控制权是债权融资相较股权融资的一个重要优势。在企业筹集资金的过程中，股东的控制权是一个极为关键的考量因素，因为它关系到企业的经营策略和未来发展方向。通过债权融资，企业可以获得所需的资金，同时不会稀释原始股东的控制权。这是因为债权人不参与企业的日常经营和决策，他们的权益仅限于按照约定的利率定期收取利息和到期收回本金。与此相反，在股权融资中，新股东的加入会稀释原始股东的控制权，甚至可能导致经营策略和方向的改变。控制权的保持对于企业的稳定性和连续性至关重要。原始股东通常对企业的经营理念、文化和战略有深入的理解和认同，他们的决策往往更符合企业的长远利益。通过债权融资保持控制权，企业可以避免因股权变动带来的经营不确定性和内部冲突，从而确保经营的稳定性和连续性。此外，保持控制权还有助于企业更好地执行既定的战略规划和业务发展目标。原始股东可以根据企业的实际情况和市场需求，灵活调整经营策略，而无须担心新股东的干预和影响。这种自主性和灵活性对于企业在竞争激烈的市场环境中保持竞争优势和实现可持续发展具有重要意义。

（三）财务杠杆效应

财务杠杆效应是债权融资带来的一个显著优势，它允许企业通过借入资金来放大自有资金的投资效果，从而实现更高的收益。这一效应在企业经营和财务管理中发挥着重要作用。具体来说，财务杠杆效应体现在企业可以将债权融资获得的资金用于扩大生产规模、增加研发投入、拓展市场渠道等，从而提升企业整体盈利能力。当企业投资的收益率高于借债的利率时，通过债权融资就能增加企业的净利润。这种利用外部资金来增加收益的做法，就是财务杠杆效应的体现。例如，一个企业拥有 100 万元的自有资金，通过债权融资再借入 100 万元，现在总共有 200 万元可用于投资。如果这 200 万元的投资回报率高于借款利率，那么企业就可以通过财务杠杆效应实现比仅用自有资金投资更高的收益。然而，财务杠杆效应也是一把双刃剑。在放大收益的同时，它也会放大风险。如果企业经营不善，投资回报率低于借款利率，那么财务杠杆将会放大企业的亏损。因此，企业在利用债权融资和财务杠杆效应时，必须谨慎评估自身的偿债能力和投资风险，确保能够在扩大收益的同时，有效控制财务风险。

（四）节税效应

节税效应是债权融资的一个重要优势，它源于利息支出的税前扣除政策。具体来说，当企业通过债权融资筹集资金时，所产生的利息支出被允许在企业的应纳税所得额中扣除。这一政策实质上降低了企业的应税收入，进而减少了所需缴纳的税款，为企业节省了一部分税款。这种节税效应对于企业来说意义重大。首先，税前扣除利息支出直接减轻了企业的税务负担，提高了企业的净利润。这意味着企业能够将更多的资金用于运营和再投资，有助于企业的持续发展和扩张。其次，节税效应还提升了债权融资的成本效益。由于税务负担的减轻，企业实际上降低了债权融资的资金成本，使这种融资方式相较其他融资方式更具吸引力。这也解释了为什么许多企业在融资时会优先选择债权融资。此外，节税效应还有助于优化企业的资本结构。通过合理利用债权融资，企业可以在保持财务稳健的同时，最大化股东价值。这是因为税务节省可以增加企业的自由现金流，进而提高股东的回报。图 3-1 为中小微企业外源融资：债权融资的特点、方式及优势。

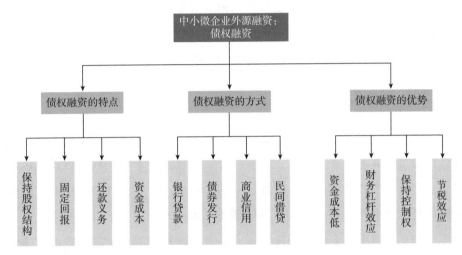

图 3-1　中小微企业外源融资：债权融资的特点、方式及优势

三、债权融资的风险

（一）偿债风险

偿债风险是债权融资过程中企业需要高度重视的一个风险因素。当企业通过债权融资获得资金时，它承担了在约定期限内偿还本金和利息的义务。然而，如果经营不善、市场环境变化或其他不可抗力因素导致企业无法按期履行偿债责任，那么企业将面临一系列严重的后果。首先，无法按期偿还债务可能导致债权人采取法律手段来追讨债务。这可能包括起诉企业，要求法院对企业进行资产查封、冻结甚至拍卖等，以弥补债权人的损失。法律诉讼不仅会给企业带来巨大的经济损失，还可能对企业的声誉和信用造成长远的影响。其次，偿债违约会严重损害企业的信用记录。在现代商业环境中，信用是企业的重要资产之一。一旦企业出现偿债违约情况，其信用评级很可能会被下调，这将影响企业未来的融资能力和商业合作机会。信用受损的企业往往难以获得优惠的贷款条件或吸引新的投资者，甚至可能导致供应链中断或客户流失。因此，企业在考虑债权融资时，必须充分评估自身的偿债能力和风险承受能力。企业需要制定合理的财务计划和偿债策略，确保在债务到期前有足够的现金流来偿还债务。同时，企业还应建立风险预警机制，及时发现和解决潜在的偿债问题，避免偿债风险的发生。

（二）利率风险

利率风险是企业在债权融资过程中必须面对的一个重要风险因素。当企业选择通过借款来筹集资金时，就不可避免地暴露在了市场利率波动的风险之下。市场利率的变动直接影响着企业的融资成本，进而可能对企业的财务状况和经营成果产生显著影响。具体来说，如果市场利率上升，那么企业需要支付的利息费用也会增加。这意味着企业的融资成本将上升，进而可能加重企业的财务负担。对于那些已经签订了固定利率贷款合同的企业来说，虽然短期内利率上升不会直接影响其当前的利息支付，但长期来看，当贷款需要续贷或重新融资时，将面临更高的融资成本。此外，利率上升还可能导致企业的其他财务成本增加，比如信用卡的利率、贸易融资的成本等。这些都会对企业的盈利能力构成压力，甚至可能影响企业的稳健运营。为了应对利率风险，企业可以采取一些风险管理措施。例如，通过签订浮动利率贷款合同来降低固定利率贷款带来的风险，或者利用金融衍生工具如利率互换等来对冲利率风险。同时，企业也应加强财务管理，提高资金的使用效率，以降低融资成本上升对企业经营的影响。

（三）流动性风险

流动性风险是企业在债权融资过程中需要特别关注的风险之一。当企业通过大量借款来筹集资金时，就必须面对偿债的压力，尤其是短期债务，它们通常需要在较短的时间内偿还。如果企业过度依赖债券融资，特别是短期借款，那么企业的短期偿债压力可能会显著增加。当企业的短期偿债压力过大时，就会面临流动性风险。这意味着企业可能没有足够的现金流来支付到期的债务，从而影响企业的正常运营。在极端情况下，如果企业无法及时偿还债务，可能会导致企业信誉受损，甚至面临法律诉讼和资产被查封的风险。此外，过度的债权融资还可能导致企业在运营上过于保守，因为大量的资金需要用于偿还债务，而非投入研发、市场扩张等长期发展战略中，企业可能会错失市场机会，影响长期的竞争力和盈利能力。为了避免流动性风险，企业需要合理规划融资结构，确保长短期债务的合理搭配，以减轻短期偿债压力。同时，企业应加强财务管理，提高资金的使用效率，确保有足够的现金流来应对可能的偿债需求。此外，企业还可以考虑多元化的融资方式，如股权融资、内部融资等，以分散风险，提高财务的灵活性。

（四）信用风险

信用风险在中小微企业融资过程中是一个不可忽视的因素。由于中小微企业往往规模较小、经营历史较短，并且财务报表可能不像大型企业那样完备和透明，这些因素都可能导致其信用评级较低。信用评级是金融机构评估借款人偿债能力和意愿的重要指标，它直接影响着企业能否获得融资以及融资的成本。对于中小微企业而言，较低的信用评级往往意味着它们可能面临更严格的融资条件。金融机构可能会要求更高价值的抵押品，更严格的还款计划，或者更频繁的财务报告，以降低自身的风险。这些严格的条件不仅增加了中小微企业的融资难度，还可能限制了其资金使用的灵活性，对企业运营带来挑战。此外，较低的信用评级还会导致中小微企业面临更高的融资成本。金融机构为了补偿潜在的信用风险，通常会向信用评级较低的企业收取更高的利息或费用。这不仅增加了企业的财务负担，还可能影响其盈利能力和竞争力。因此，中小微企业在寻求融资时，应充分认识到信用风险带来的影响，并积极采取措施提升自身的信用评级。这可能包括完善财务报表、增强透明度、建立良好的还款记录，以及寻求信用担保或保证等。通过提升信用评级，中小微企业不仅可以更容易地获得融资，还可能享受到更优惠的融资条件，从而支持企业的持续发展和扩张。

四、中小微企业应如何有效利用债权融资

（一）合理规划资金需求

合理规划资金需求是企业申请债权融资前至关重要的一步。为了更有效地利用债权融资，避免过度融资带来的不必要的财务负担，企业必须对自身的资金需求进行深入且全面的评估。首先，企业应对其运营、扩张、研发、市场推广等各方面的资金需求进行详细的预测和分析。这不仅包括当前的资金需求，还应考虑未来一段时间内的资金流动情况。通过这样的评估，企业可以更加明确自己需要多少资金，以及这些资金将如何被使用。其次，企业应避免盲目追求融资规模的最大化。虽然更多的资金可能为企业带来更多的发展机会，但资金超出实际需求，可能导致资金闲置，增加企业的财务成本。因此，企业应根据自身的实际情况和发展战略，确定一个合理的融资规模。再次，企业在规划资金需求时，还应考虑融资的成本和期限。不同的融资方式和期限可能会有不同的利率和费用，因此，企业应选择最适合自己的融资方案。同时，企业也应对未来的偿债能力进行合理预测，以确保能够按时偿还债务，避免信用受损。最后，随着市场环境和企业自身情况的变化，企业的资金需求也可能发生变化。因此，企业应定期对资金需求进行重新评估，以确保融资计划的时效性和合理性。

（二）提升信用评级

提升信用评级对于降低企业融资成本、增强融资能力具有至关重要的意义。为了提升信用评级，企业应注重完善内部管理，这包括但不限于优化公司治理结构、建立健全的内部控制体系和风险管理机制。通过这些措施，企业能够向外界展示其稳健的运营能力和可靠的财务状况，从而提升债权人和信用评级机构的信心。同时，提高信息披露的透明度也是关键。企业应定期公布准确、全面的财务报告，及时披露重大事项和风险因素，以便投资者和债权人更好地了解企业的经营状况和未来发展前景。透明度的提升有助于减

少信息不对称，增强市场的信任度，进而提高企业的信用评级。此外，企业还可以通过加强与评级机构的沟通、积极回应评级关切、提供充分的解释和支持性材料等方式，来争取更高的信用评级。这不仅有助于企业在融资市场上获得更有利的地位，还能为企业带来更低的融资成本和更广阔的融资渠道。

（三）多元化融资渠道

多元化融资渠道是企业降低融资风险、提高资金筹措灵活性的重要策略。在传统的银行贷款之外，企业可以积极探索其他债权融资方式，以此来分散风险，增加资金来源的多样性。商业信用是一种常见且灵活的融资方式，主要通过企业间的赊销、预付款等方式实现。利用商业信用，企业可以在不增加即时财务负担的情况下，获得商品或服务，从而优化现金流管理。同时，与供应商建立良好的长期合作关系，还能在紧急情况下为企业提供额外的资金支持。民间借贷是另一种值得考虑的融资方式。与银行贷款相比，民间借贷通常更加灵活，审批流程较短，资金到位快。然而，民间借贷的利率可能较高，企业需要仔细评估成本效益，并确保借贷的合法性与安全性。此外，企业还可以探索债券发行、应收账款融资、租赁融资等多种融资方式。这些方式各有特点，企业可以根据具体需求和市场环境灵活选择。通过多元化融资渠道，企业不仅可以降低对单一融资来源的依赖，还能在不同市场条件下，选择最合适的融资方式，从而优化资本结构，降低财务风险。同时，多元化的融资渠道也有助于企业抓住市场机遇，快速响应业务需求，推动企业的持续健康发展。

（四）合理安排债务结构

合理安排债务结构对企业财务健康和稳定发展至关重要。债务结构的优化不仅仅是简单的债务管理，更是企业战略规划和风险管理的重要组成部分。企业在安排债务结构时，首先要考虑短期和长期债务的比例。短期债务通常用于满足企业日常的运营资金需求，具有较低的利息成本和较快的资金周转速度。然而，过度依赖短期债务可能会增加企业的偿债压力和流动性风险。因此，企业需要根据自身的经营情况和市场环境，合理安排短期债务的规模，以确保在偿债高峰期有足够的现金流来偿还债务。与此同时，长期债务可以为企业提供稳定的资金来源，支持企业的长期投资和发展。但是，长期债务的利率通常较高，且还款期限长，因此企业需要权衡利弊，根据自身的发展战略和投资计划来合理安排长期债务的比例。除了考虑债务期限，企业还应关注债务的利率结构、币种结构以及债权人结构等方面。通过综合考虑各种因素，企业可以构建一个更加合理、稳健的债务结构，降低财务风险，提高经营效率。

（五）加强风险管理

加强风险管理是企业稳健发展的关键一环，特别是在债权融资过程中，一个完善的风险管理体系能够为企业保驾护航，及时发现并解决潜在的偿债风险。建立完善的风险管理体系首先要从制度建设入手，制定明确的风险管理政策和流程。这包括风险评估机制、风险监控机制以及风险应对机制。风险评估机制能够帮助企业识别出可能对偿债造成不利影响的各种因素，比如市场变动、经营状况下滑等。风险监控机制则需要定期对企业的财务状况和偿债能力进行审查，确保企业始终处于健康的偿债状态。除了制度建设，企业还应加强风险文化的培育。这包括增强全员风险管理意识，确保每一位员工都能在日常工作中关注并报告可能的风险点。同时，通过培训和演练，提升员工应对风险的能力，确保在风险事件发生时能够迅速而有效地应对。此外，企业还可以考虑引入专业的风险管理工具和技术，比如利用大数据和人工智能技术来分析和预测风险，提高风险管理的效率和准确性。

第二节　中小微企业外源融资：股权融资

一、股权融资的概念与特点

（一）股权融资降低融资门槛，提供稳定资金来源

股权融资的本质是企业通过出售部分所有权，即股权，来换取资本注入。这一方式最显著的优势在于，它并不要求企业提供任何形式的抵押或担保。

相较传统的债权融资，如银行贷款，这大大降低了企业的融资门槛。中小微企业，尤其是初创企业，往往缺乏足够的抵押物或信用记录来获得银行贷款，而股权融资则为它们提供了一个可行的资金筹措渠道。更为重要的是，股权融资为企业带来了长期稳定的资金来源。与债权融资的定期偿还本金和利息不同，股权融资所得资金无须在短期内偿还，这为企业提供了更大的财务灵活性和运营空间。企业可以专注于自身的核心业务发展和创新，而不必过分担忧短期的资金压力。

（二）新股东加入带来的多元效益

除了直接的资金支持，股权融资还为企业带来了另一种宝贵的资源：新股东。这些新股东往往不仅是资金的提供者，还可能是行业内的专家、成功的企业家或具有丰富市场经验的投资人。他们的加入，不仅为企业带来了更多的资金，还可能为企业提供管理上的指导、技术上的支持和市场开拓的建议。具体来说，新股东带来的资源和技术支持是多方面的。例如，他们可能为企业提供先进的生产技术、高效的管理模式或广阔的市场渠道。这些资源对于中小微企业来说，都是极为宝贵的。它们不仅有助于提升企业的运营效率，还可能为企业打开新的市场，从而大幅提升其竞争力。再者，新股东的加入还可能为企业带来新的市场渠道和合作伙伴。这些新股东往往在行业内外都有广泛的人脉和资源，他们的加入无疑会增强企业在市场上的影响力和话语权。通过与新股东的合作，中小微企业可以更快地融入市场，更好地把握市场动态，从而实现更快的发展。

二、中小微企业股权融资的必要性

（一）中小微企业的资金困境

中小微企业，尤其是初创和成长期的企业，普遍面临着资金短缺的问题。这主要是因为它们的业务规模相对较小，财务基础相对薄弱。当企业需要扩大生产、研发新产品、拓展市场或进行其他重要的投资时，资金往往成为最大的制约因素。更为关键的是，由于中小微企业的经营历史相对较短，信用记录可能不够充足，这使它们很难通过传统的债权融资方式，如银行贷款，来获得所需的资金。银行和其他金融机构在提供贷款时，通常会要求企业提供抵押物或担保。但许多中小微企业可能没有足够的资产来作为抵押，或者其信用记录难以满足贷款的条件。

（二）股权融资为中小微企业带来的转机

面对资金困境，股权融资为中小微企业提供了一个非常有效的解决方案。与传统的债权融资不同，股权融资不需要企业提供抵押物或担保，从而大大降低了融资的难度。股权融资允许企业通过出售部分股权来换取资金。这意味着，中小微企业可以从外部投资者那里获得所需的资金，而无须背负沉重的债务负担。此外，股权资金没有固定的偿还期限，这为企业提供了更大的财务灵活性，使其能够更加专注于核心业务的发展和创新。更为重要的是，通过股权融资，中小微企业有机会引进具有战略意义的投资者。这些投资者可能是行业内的领军企业、经验丰富的投资机构或拥有广泛资源的个人。他们的加入，不仅为企业带来了资金，还能提供管理、技术和市场等方面的支持。例如，一些战略投资者可能会为企业提供先进的生产技术或独特的市场策略，帮助企业在竞争激烈的市场中脱颖而出。还有的投资者可能拥有广泛的行业网络和人脉，能够为企业带来更多的业务机会和合作伙伴。这些都是中小微企业在发展过程中极为宝贵的资源。

三、中小微企业股权融资的主要方式

（一）风险投资

1. 风险投资为中小微企业提供资金支持与管理资源

风险投资的最直接作用就是为中小微企业提供资金支持。在初创期或成长期，许多企业面临着巨大的资金压力。它们需要资金来研发新产品、拓展市场、招聘人才以及进行其他重要的运营活动。然而，这些企业往往缺乏稳定的盈利记录和足够的抵押物，传统的金融机构可能不愿意为它们提供贷款。这时，风险投资便成了一个重要的资金来源。除了资金支持，风险投资公司或机构还会为企业提供宝贵的管理资源。这些机构通常拥有丰富的行业经验和专业的管理团队，能够为企业提供战略指导、市场分析和运营建议。对于许多初创企业来说，这些管理资源同样重要，因为它们可能缺乏足够的商业经验和市场洞察力。风险投资机构的参与，可以帮助企业更好地制定发展战略，优化业务流程，提高市场竞争力。

2. 风险投资推动中小微企业快速发展与创新

风险投资的另一个重要作用是推动中小微企业的快速发展与创新。通过为企业提供资金和管理支持，风险投资机构实际上成为企业成长的合作伙伴。它们与企业共享风险和收益，因此有动力帮助企业实现快速增长和创新。此外，风险投资机构通常拥有广泛的行业网络和资源，可以为企业引荐的合作伙伴、供应商和客户。这些网络资源对于初创企业来说是无价之宝，可以帮助它们更快地融入市场，提高品牌知名度。值得一提的是，风险投资还鼓励企业进行创新。由于风险投资机构追求的是长期的高回报，它们更倾向于投资那些具有创新性和颠覆性的项目。这种投资导向激励着企业不断探索新技术、新产品和新市场，从而推动整个行业的进步和发展。

（二）天使投资

1. 天使投资为初创企业提供全方位的支持

天使投资不仅为初创企业注入了资金，更重要的是，天使投资人通常具有丰富的行业经验和资源，他们可以为企业提供远远超出资金的支持。首先，在资金方面，天使投资人的注资使初创企业得以快速启动运营，无须担心初期的资金短缺问题。这对于初创企业来说是至关重要的，因为它们往往面临着巨大的资金压力。除了资金，天使投资人还能提供管理、技术和市场等方面的支持。在管理上，天使投资人可能会分享他们的商业智慧和运营经验，帮助企业建立起高效的管理体系和团队文化。在技术上，如果天使投资人具备相关技术背景，就可以为企业提供技术指导和研发支持。在市场方面，天使投资人可以利用他们的行业网络和人脉资源，帮助企业开拓市场，寻找合作伙伴和客户。

2. 天使投资助力初创企业快速启动与成长

天使投资一般发生在企业的初创期，这是企业生命周期中最为脆弱和关键的阶段。在这个阶段，初创企业往往还没有稳定的市场份额和盈利模式，但它们拥有创新的想法和巨大的潜力。天使投资人的出现，就像是为这些初创企业插上了一双翅膀，帮助它们快速启动并飞向成功。有了天使投资的支持，初创企业可以更加专注于产品的研发和市场推广，而无须担忧资金和资源的问题。这种专注力是初创企业成功的关键之一。此外，天使投资人的经验和资源也可以帮助企业规避许多创业过程中的陷阱和风险，提高企业的生存率和成功率。值得一提的是，天使投资人与初创企业之间的关系往往是长期且紧密的。这种深度合作不仅有助于企业的快速成长，还能为企业在未来发展中提供更多的机会和资源。因此，对于初创企业来说，找到一位合适的天使投资人就像是找到了一位经验丰富的导师和强大的后盾。

（三）私募股权投资

1. 私募股权投资为中小微企业提供稳定的资金支持

中小微企业在发展过程中，资金短缺常常成为其面临的一大难题。由于规模相对较小，信用记录或许不足，这些企业往往难以从传统的融资渠道如银行贷款等获得足够的资金支持。而私募股权投资的出现，恰恰为这些企业提供了一个有效的解决方案。私募股权投资机构通过专业的评估和筛选，选择有潜力和前景的中小微企业进行投资。这种投资方式不同于传统的债权融资，它不需要企业提供抵押物或担保，而是基于对企业未来成长性的判断和信任。因此，私募股权投资能够为中小微企业提供大量的、稳定的资金支持，帮助它们解决资金短缺的问题，推动企业持续发展。

2. 私募股权投资助力中小微企业提升管理与市场拓展

除了资金支持，私募股权投资还为中小微企业带来了诸多附加价值。其中，改善治理结构、提高管理水平和拓展市场渠道是 3 个最为显著的方面。

首先，私募股权投资机构在投资后，通常会参与到企业的治理结构中，帮助企业建立起更加规范、高效的管理体系。它们可能会引入专业的管理团队或者提供管理咨询服务，从而提升企业的整体运营效率。其次，私募股权投资机构还会利用其丰富的行业经验和资源，为企业提供市场拓展的支持。它们可能会帮助企业开拓新的市场渠道、建立销售网络，甚至与潜在客户或合作伙伴建立联系，从而推动企业的市场拓展和品牌建设。最后，私募股权投资机构的参与，还能够在一定程度上提升企业的信誉和知名度。由于私募股权投资机构通常具有丰富的行业经验和资源，它们的参与往往被视为企业实力和潜力的提升，这有助于企业在市场上树立良好的形象，吸引更多的合作伙伴和客户。

第三节　中小微企业的内源融资

一、中小微企业内源融资的方式

（一）留存收益融资

留存收益作为中小微企业最主要的内源融资方式，其在企业融资结构中的地位不容忽视。企业在日常的经营活动中，通过销售产品、提供服务等方式获得营业收入，在扣除各种成本、费用和税金后，得到净利润。这部分净利润在按照公司章程或股东协议进行分配后，剩余的部分即形成留存收益。留存收益融资的最大优势在于其无须支付额外的融资成本。这是因为留存收益来源于企业自身的盈利，不需要向外部投资者或债权人支付利息或股息。这一特点使中小微企业在资金运用上具有更大的灵活性和自主性，可以根据企业的经营情况和市场环境，灵活调整资金使用计划，不受外部融资条件的限制。此外，留存收益的使用也非常灵活。企业可以将这部分资金用于扩大生产规模、改进技术设备、加强研发投入，以提升企业的竞争力和创新能力。同时，留存收益也可以用于补充企业的流动资金，确保企业运营的稳定性和持续性。这种灵活的资金运用方式，使中小微企业能够更好地应对市场变化，把握发展机遇。

（二）折旧融资

折旧融资在中小微企业融资策略中占据着特殊地位，特别是对于那些重资产型的企业，其意义更为显著。折旧融资的核心理念是企业利用会计提固定资产折旧产生的资金来进行融资活动。在企业运营过程中，固定资产如机器设备、厂房等，会随着时间的推移而逐渐磨损，其价值也会随之减少。这一过程在会计上通过折旧来反映，即每年将固定资产的一部分原始价值转化为当期的成本或费用。这部分转化的价值，实际上并没有以现金的形式流出企业，可以视为企业内部的一种资金来源，一种内源融资方式。对于重资产型的中小微企业来说，折旧融资的重要性尤为突出。这类企业通常拥有大量的固定资产，如昂贵的生产设备、专业的生产线等。这些资产在使用过程中的折旧计提，能够为企业带来稳定的内部资金来源。这不仅有助于缓解企业的资金压力，还可以作为企业进行再投资或应对突发资金需求的重要储备。此外，折旧融资还具有低成本、低风险的特点。由于是利用企业内部资源进行的融资，因此无须支付额外的利息或费用，降低了企业的融资成本。同时，折旧融资也不涉及外部债权或股权的变动，从而减少了企业的财务风险和法律风险。

（三）内部集资

内部集资是一种特殊的内源融资方式，它指的是企业通过向自己的员工借款或是吸引员工入股来筹集资金。这种方式相较其他融资方法，有着独特的优势和需要注意的方面。首先，内部集资能够有效地激发员工的归属感和责任感。当员工成为企业的债权人或股东时，他们会更加关注企业的运营状况和发展前景，因为企业的成功直接关系到他们的切身利益。这种紧密的利益联系能够促使员工更加积极地投入工作中，提高工作效率，同时也更有可能为企业的发展出谋划策，形成一种积极向上的企业文化。其次，通过内部集资，企业可以在一定程度上降低融资成本。与传统的外部融资相比，向员工集资通常可以以较低的利率或者更优惠的条件进行，因为员工与企业之间有着更为紧密的关系和信任基础。这不仅能够减轻企业的财务负担，也有助于提升企业的盈利能力。然而，虽然内部集资具有诸多优势，但在操作过程中需要格外谨慎，避免触犯相关的法律法规。例如，企业在向员工集资时，必须确保所有的操作都是公开、透明的，并且要确保员工的权益不受损害。此外，企业还需要严格遵守关于集资、股权等法律规定，不得出现非法集资或变相吸收公众存款等行为。

二、中小微企业内源融资的优势

（一）融资成本低

内源融资，作为中小微企业融资的重要方式，主要依赖于企业内部的自有资金，这一特点使其在融资成本上具有显著的优势。由于内源融资使用的是企业自身的累积资金，如留存收益、折旧基金等，因此企业在进行内源融资时，无须向外部投资者或债权人支付额外的利息或股息。这一点对于资金实力相对较弱的中小微企业来说尤为重要。中小微企业往往处于初创期或成长期，资金储备有限，且可能尚未建立起稳定的外部融资渠道。在这种情况下，内源融资成了一个相对低成本、高效率的融资方式。通过内源融资，中小微企业可以充分利用自身的资金资源，减少对外部资金的依赖，从而降低融资成本，提高盈利能力。此外，内源融资还具有灵活性和自主性的优势。企业可以根据自身的经营情况和市场环境，灵活调整内源融资的规模和节奏。同时，由于内源融资不涉及外部投资者或债权人的利益诉求，企业在资金使用上也具有更大的自主权。

（二）资金使用灵活

内源融资作为一种重要的融资方式，其资金来源主要是企业内部，如留存收益、折旧基金以及内部集资等。这一特点赋予了企业在资金使用上极大的灵活性，使企业能够根据自身的经营需求和发展战略，自由地决定资金的使用方向和投入领域。具体来说，当企业拥有充足的内部资金时，可以更加灵活地规划自身的投资和经营策略。无论是扩大生产规模、提升技术水平，还是进入新的市场、开发新的产品，企业都可以根据自身的发展目标和市场环境，自由地调配和使用这些资金。这种灵活性使企业能够迅速响应市场的变化，抓住商机，实现快速发展。此外，内源融资的灵活性还体现在资金使用的自主性上。与外部融资相比，内源融资不受外部投资者或金融机构的限制和干预，企业在资金使用上具有更大的自主权。这意味着企业可以更加独立地做出决策，更好地实现自身的经营目标和发展战略。

（三）风险较低

内源融资因主要依赖企业内部的自有资金，企业在融资过程中能够显著降低财务风险。这一点对于中小微企业而言尤为重要，因为这些企业往往资本规模较小，风险承受能力相对较低。通过内源融资，企业无须向外部借款或发行股票，从而避免了因市场利率波动、债权人追索权等带来的财务风险。内部资金的使用不涉及复杂的金融工具和合同条款，因此也减少了因误解或违约而引发的法律和经济纠纷。此外，内源融资还有助于增强企业的财务稳健性。由于资金来源稳定且成本较低，企业在运营过程中能够保持更为健康的现金流状况。这种稳健的财务状况为企业提供了更大的经济缓冲区，使其在面对市场波动、经济下行等不利情况时能够有更强的抵御能力。通过内源融资，企业的自有资金储备得到了充实，这不仅提高了企业的偿债能力，也提升了其在紧急情况下的资金调配能力。这种灵活性和稳健性相结合，使中小微企业在面临各种不确定性时能够迅速做出反应，有效应对风险。

三、中小微企业内源融资的挑战

（一）融资规模有限

中小微企业作为市场经济的重要组成部分，其经营特点往往表现为规模和盈利能力有限。这种特性直接影响了它们的财务状况，尤其是内部可动用的自有资金量。相较大型企业，中小微企业的自有资金储备通常较少，这在一定程度上限制了其在进行内源融资时的融资规模。具体来说，中小微企业的自有资金主要来源于日常经营的盈余积累。然而，由于规模和盈利能力的限制，这些盈余往往并不丰厚，甚至在某些初创或经营不善的中小微企业中，盈余可能非常有限甚至为负。这就导致了当这些企业需要资金进行扩张、研发或应对市场变化时，其能够通过内源融资方式筹集到的资金量相对有限。内源融资虽然具有低成本、低风险等优点，但对于中小微企业来说，其融资规模往往难以满足企业的全部资金需求。当企业需要大量的资金投入时，仅仅依靠内源融资显然是不足够的。这也是很多中小微企业在发展过程中，不得不寻求外部融资的原因。

（二）依赖企业经营状况

内源融资，作为中小微企业融资的重要方式之一，其可持续性和融资规模在很大程度上取决于企业的经营状况。这意味着，如果企业经营得当，盈利稳定，那么内源融资就能够为企业提供持续且稳定的资金来源。然而，一旦企业经营不善，或是市场环境发生不利变化，内源融资的可持续性就会受到严重影响。具体来说，当企业经营状况良好时，通过日常运营产生的盈余可以不断积累，为内源融资提供稳定的资金来源。这种情况下，企业可以依靠自身的盈利能力，持续地进行内源融资，支持企业的扩张和发展。同时，良好的经营状况也会提升企业的信誉和市场地位，进一步促进内源融资的良性循环。然而，当企业经营不善，或是受到市场环境变化（如经济衰退、行业竞争加剧等）的冲击时，企业的盈利能力可能会大幅下降，甚至可能出现亏损。这时，企业内部可用于融资的资金就会变得紧张，内源融资的可持续性就会受到威胁。如果这种情况持续下去，企业可能不得不寻求外部融资，或者缩减运营规模以应对资金短缺的问题。

（三）可能影响股东利益

企业资金需求的满足方式多种多样，内源融资是一种常见的选择。然而，如果企业过度依赖内源融资，可能会产生一系列不良影响，特别是对股东的利益。首先，过度依赖内源融资可能会导致企业减少股东分红。股东分红是企业将盈利的一部分回馈给股东的方式，但如果企业为了满足资金需求而大量使用内部资金，就可能会削减这部分分红。对于股东来说，分红的减少直接影响到他们的投资收益，这无疑是对股东利益的一种损害。其次，过度依赖内源融资还可能影响企业的再投资计划。企业的持续发展离不开对新技术、新设备、新市场的投资，这些都需要大量的资金支持。如果企业过于依赖内源融资，可能会挤压出原本用于再投资的资金，从而影响到企业的长远发展和竞争力。因此，企业需要在内源融资和外源融资之间取得平衡。内源融资虽然有其优点，如低成本、低风险，但过度依赖也会带来问题。企业应该根据自身的经营状况、市场环境以及资金需求，综合考虑内源和外源融资的比例和方式。通过多元化的融资方式，企业不仅可以更好地满足资金需求，还可以降低财务风险，保护股东利益，实现可持续发展。这种平衡和多元化的融资策略，对于企业的长期稳健发展至关重要。

四、中小微企业内源融资的策略

（一）提高盈利能力

中小微企业在市场经济中占据着重要的地位，然而，由于其规模和资源的限制，这些企业往往面临着资金紧张的问题。为了缓解资金压力，中小微企业应该通过多种途径提升自身的盈利能力，从而增加自有资金储备，为内源融资提供更多的资金来源。首先，提高产品质量是关键。中小微企业应该注重产品的研发和创新，不断改进产品性能，提升用户体验。只有产品质量过硬，才能赢得消费者的信任和忠诚，进而扩大市场份额，提高企业的盈利能力。其次，优化销售策略也至关重要。中小微企业需要深入了解市场需求和消费者偏好，制定针对性的营销策略。通过多元化的销售渠道、精准的市场定位和有效的推广活动，企业可以吸引更多的潜在客户，提高销售业绩。此外，降低成本也是提升盈利能力的重要手段。中小微企业应该精细化管理，优化生产流程，降低原材料和人力成本。同时，企业还可以通过采购管理、库存控制等方式，减少不必要的浪费，提高资源利用效率。通过这些措施，中小微企业可以逐步提升自身的盈利能力，从而增加自有资金储备。这些资金不仅可以用于企业的日常运营和扩张，还可以为内源融资提供更多的资金来源。这样，企业在面对资金需求时，就可以更加灵活地运用内源融资方式，降低财务风险，推动自身持续发展。

（二）加强财务管理

中小微企业在运营过程中，建立完善的财务管理体系是至关重要的。这一体系能够确保企业资金的合理使用和流向的透明性，避免出现资金挪用、浪费或低效使用的情况。通过精确的财务预算、严格的支出审批流程以及定期的财务报告，企业可以实时监控资金状况，做出更为明智的决策。除了强化财务管理，中小微企业还应积极盘活存量资产。许多企业在发展过程中会积累一定的固定资产，如设备、房产等。这些资产在账面上可能只是数字，但通过合理的运营策略，它们可以转化为实际的现金流。例如，不经常使用的设备可以出租或出售，闲置的房产可以用于出租或开发新的业务。提高资产利用效率不仅能为企业带来额外的收入，还能优化企业的资产结构，使企业的资金更为充裕。这些通过盘活资产获得的资金，可以进一步投入企业的核心业务中，推动企业的持续发展，或者用于应对可能出现的风险。

（三）拓展融资渠道

尽管内源融资在成本、风险及灵活性方面具有显著优势，对中小微企业来说是一个重要的融资手段，但这并不意味着中小微企业可以完全依赖于它。相反，积极拓展外源融资渠道同样至关重要。中小微企业通过银行贷款、股权融资等外源融资方式，可以获得更多的资金来源。银行贷款为企业提供稳定、长期的资金支持，有助于企业进行大规模的投资或扩张。而股权融资则能够引入战略投资者，他们不仅提供资金，还可能带来行业资源、管理经验和市场渠道，对中小微企业的发展具有积极的推动作用。此外，拓展外源融资渠道还可以降低中小微企业对内源融资的过度依赖。过度依赖内源融资可能导致企业在面临市场波动或经营风险时，资金链断裂，进而影响企业的正常运营。而外源融资为企业提供了更多的资金选择，增强了企业的资金实力，使企业具有更强的抵御风险的能力。

（四）制定合理的融资策略

中小微企业在制定融资策略时，必须全面考虑自身的经营状况和发展战略。这是因为，不同的经营状况和发展阶段会对企业的融资需求产生直接影响。例如，初创期的企业可能需要更多的资金用于研发和市场推广，而成熟期的企业则可能更关注资金成本的优化和财务风险的控制。在制定融资策略时，中小微企业应首先确保满足资金需求。这需要对企业的运营资金、投资资金等进行精确预测，并根据预测结果来选择合适的融资方式和融资规模。同时，企业还应考虑融资的时效性和灵活性，以确保资金能够及时到位，满足企业运营和发展的需要。除了满足资金需求，中小微企业在制定融资策略时还必须充分考虑融资成本和风险。融资成本不仅包括利息、手续费等直接成本，还包括因融资活动而可能产生的间接成本，如股权稀释、控制权丧失等。因此，企业需要在各种融资方式之间进行权衡，选择成本效益最高的融资方案。同时，风险也是一个不可忽视的因素。不同的融资方式可能带来不同的风险，如债务风险、股权风险等。中小微企业应根据自身的风险承受能力和发展战略，来制定风险控制措施，确保融资活动不会对企业的稳健运营产生负面影响。

第四节　中小微企业融资的障碍与排除途径分析

一、中小微企业融资的障碍

（一）信息不对称

中小微企业和投资者之间的信息不对称问题是一个普遍存在的现象，尤其在金融市场中表现得更为明显。信息不对称意味着一方拥有的信息多于另一方，这种情况在中小微企业和投资者之间尤为突出。中小微企业由于规模和资源的限制，往往在信息公开方面做得不够充分。对于外部投资者来说，这些企业的财务报表、经营状况以及市场前景等关键信息，往往难以完全获取和理解。这种信息的缺失或不透明，使投资者在评估中小微企业的真实价值和投资风险时面临极大的困难。投资者在做出投资决策时，需要依赖全面、准确的信息来评估企业的潜力和风险。然而，由于中小微企业的信息公开程度较低，投资者往往无法获取足够的信息支持投资决策。这种情况会导致投资者对中小微企业的信任度降低，他们可能会担心自己的投资能否得到合理的回报，甚至担心投资本金的安全性。当投资者对中小微企业的信任度降低时，他们可能会要求更高的回报率来补偿潜在的风险，或者干脆避免投资这些企业。这两种情况都会增加中小微企业的融资难度。前者提高了企业的融资成本，后者则直接减少了企业的融资机会。因此，解决中小微企业和投资者之间的信息不对称问题，对于降低企业的融资难度、促进企业的健康发展具有重要意义。

（二）抵押担保缺乏

中小微企业在运营过程中，资金流动是其生命线，然而，当它们尝试通过银行或其他金融机构进行融资时，经常遭遇抵押物或担保人不足的困境。这一问题的根源在于中小微企业的资产规模相对较小，且很多时候，它们的资产是无形的，如知识产权、品牌价值等，这些资产难以直接作为贷款的抵押物。在传统的贷款模式下，银行和其他金融机构更倾向于接受有形资产，如房产、设备等作为抵押，因为这些资产更易于估值和变现。但对于中小微企业来说，它们往往没有足够的有形资产来满足贷款机构的要求。银行和其他金融机构在审批贷款时，首要考虑的是资金的安全性。因此，它们会设定一系列的贷款条件来降低潜在的风险，其中就包括对抵押物和担保人的要求。这些条件对于大型企业或许不难满足，但对于中小微企业来说，却往往成为一道难以跨越的门槛。这种抵押物或担保人不足的情况，不仅限制了中小微企业的融资能力，还可能阻碍其正常的业务扩展和发展。在资金紧张的情况下，企业可能不得不放弃一些有潜力的项目或市场机会，仅仅因为无法满足金融机构的贷款条件。这不仅影响了企业的成长速度，也可能使其在激烈的市场竞争中处于不利地位。

（三）融资成本高

中小微企业在经济发展中占据着重要的地位，但它们在融资过程中往往因为信用评级较低而面临诸多挑战。信用评级是衡量企业偿债能力的一个重要指标，它直接影响到企业获取融资的成本。由于中小微企业通常规模较小，经营历史相对较短，且可能缺乏稳定的盈利记录和足够的抵押物，因此它们的信用评级普遍不高。当中小微企业向银行或其他金融机构申请贷款时，这些机构会根据企业的信用评级来评估贷款的风险。信用评级较低意味着贷款机构面临更高的违约风险，因此，为了平衡这种风险，银行和其他金融机构通常会向中小微企业收取更高的利息和额外的费用。这种高昂的融资成本对中小微企业来说是一个沉重的负担。它们不仅需要承担更高的利息支出，还要面对各种贷款申请、评估和管理费用。这些额外的成本会直接影响企业的盈利能力，甚至可能导致一些本来利润微薄的企业陷入亏损。除了直接增加财务负担，高昂的融资成本还可能限制中小微企业的发展潜力和市场竞争力。在资金有限的情况下，企业可能不得不削减在其他关键领域的投入，如研发、市场营销等，以应对高昂的融资成本。这种权衡取舍可能会对企业的长期发展产生负面影响。

（四）融资渠道狭窄

中小微企业作为我国经济的重要组成部分，融资问题一直是制约其快速发展的瓶颈。尽管近年来我国金融市场日益成熟和多元，但对中小微企业而言，融资渠道的局限性仍然是一个亟待解决的问题。银行等传统金融机构，作为中小微企业融资的主要渠道，其贷款审批流程往往相对烦琐。这主要体现在需要提供大量的材料和证明，以及经过多轮的审核和评估上。对于许多中小微企业来说，这不仅增加了融资的时间成本，还可能因为某些细节的不符合而遭到拒绝。此外，这些传统金融机构对中小微企业的贷款额度也常常有限制。由于中小微企业的规模相对较小，经营风险较高，银行在审批贷款时往往会设置较低的额度，以规避潜在的风险。然而，这样的额度往往难以满足中小微企业在扩张、研发或市场推广等方面的实际需求。与此同时，虽然近年来我国金融市场涌现出了许多新型的融资方式和工具，如股权融资、债券融资等，但这些方式对于中小微企业来说仍然存在一定的门槛和难度。比如，股权融资需要企业具备一定的规模和盈利能力，而债券融资则需要企业有良好的信用记录和偿债能力。

二、排除中小微企业融资障碍的途径

（一）加强信息公开和透明度

为了解决信息不对称这一根深蒂固的问题，中小微企业需要积极采取措施，加强与投资者之间的信息交流。这种交流不仅是单向的信息传递，更应是双向的沟通和理解。企业应明确认识到，提高信息的透明度和质量是与投资者建立信任的关键。定期公布财务报表和经营情况，是中小微企业可以采取的切实行动。财务报表是反映企业财务状况、经营成果和现金流量的重要工具，定期、准确、完整地公布这些信息，能够让投资者更加清晰地了解企业的经营状况和盈利能力。同时，通过公布经营情况，企业可以展示其市场地位、竞争优势以及未来发展战略，从而增强投资者的信心。然而，仅仅依靠企业自身的努力是不够的。政府和相关监管机构在解决信息不对称问题上也扮演着重要角色。他们应加强对中小微企业财务信息的监管和审核，确保其真实性和准确性。这不仅可以防止企业造假和欺诈行为的发生，还能提高整个市场的信息透明度，为投资者提供一个更加公平、公正的投资环境。政府和相关机构还应建立完善的信息披露制度和法规，规范中小微企业的信息披露行为，明确信息披露的标准和要求。同时，应加大对违规信息披露的处罚力度，提高企业的违规成本，从而形成有效的威慑力。通过这些综合措施的实施，可以有效解决中小微企业和投资者之间的信息不对称问题，促进资本市场的健康发展，为中小微企业的融资活动创造更加有利的条件。

（二）创新抵押担保方式

在解决中小微企业融资难的问题时，抵押担保不足是一个关键的瓶颈。传统的抵押方式，如房产、设备等实物抵押，对于许多初创或轻资产的中小微企业来说并不适用。因此，探索创新的抵押担保方式显得尤为重要。知识产权质押是一种颇具潜力的新型担保方式。随着知识经济时代的到来，知识产权已成为企业重要的资产之一。中小微企业如果拥有具有市场价值的知识产权，如专利、商标或著作权，完全可以考虑将其用作贷款的质押物。这种方式不仅能够盘活企业的无形资产，还能在一定程度上解决抵押物不足的问题。除了知识产权质押，应收账款质押也是值得考虑的一种担保方式。对于许多中小微企业来说，应收账款是其主要的流动资产之一。将应收账款质押给银行或其他金融机构，企业可以获得所需的流动资金，同时也不会影响企业的正常运营。然而，创新的抵押担保方式虽然为中小微企业提供了新的融资途径，但仍然需要政府的支持和引导。政府可以设立专门的担保机构，这些机构可以对中小微企业进行信用评估，并为其提供担保服务。这样，即使中小微企业没有足够的传统抵押物，也能通过政府担保机构的支持获得银行贷款。这种方式不仅降低了银行的贷款风险，也为中小微企业提供了更多的融资机会。

第四章　中小微企业融资现状分析

第一节　融资需求与融资难度

一、中小微企业的融资需求

（一）初创期资金需求

初创期资金需求是中小微企业在创立之初面临的关键问题。在这一阶段，企业需要投入大量资金来奠定运营基础，确保企业能够顺利起步并稳定发展。这些资金主要用于购买必要的生产设备、租赁适合的办公或生产场地、招聘和培训员工，以及进行市场推广等活动。购买设备是企业初创期不可或缺的一环。无论是生产设备还是办公设备，都需要资金投入来确保企业能够正常运营。这些设备的选择和质量直接关系到企业的生产效率和产品质量，因此企业必须准备充足的资金。租赁场地也是初创企业必须考虑的问题。一个适合的办公或生产环境不仅能提升企业形象，还能提高员工的工作效率。然而，租赁场地通常需要支付一定的租金和押金，这对于资金紧张的初创企业来说是一笔不小的开销。招聘员工是初创企业另一个重要的资金需求点。企业需要招聘到合适的人才来支持业务的开展，而员工的薪资和福利是企业必须承担的成本。此外，为了提升员工的专业技能和素质，企业还需要投入资金进行员工培训。市场推广是初创企业扩大知名度和影响力的重要手段。无论是线上还是线下的推广活动，都需要资金支持。有效的市场推广能够帮助企业吸引更多的客户和合作伙伴，从而推动企业的发展。

（二）运营资金需求

运营资金需求是中小微企业在发展过程中必须持续关注的重要方面。随着企业规模的扩大和业务的增长，为了维持企业的日常运营，中小微企业需要不断地投入资金。这些资金主要用于支付员工工资、采购原材料、支付租金、水电费以及其他日常开支。员工是企业最宝贵的资源，因此，支付员工工资是运营资金的主要用途之一。企业需要确保按时足额支付员工工资，以激励员工积极高效地工作。此外，为了保持员工的稳定性和忠诚度，企业可能还需要投入一定的资金用于员工福利和奖励。采购原材料是另一个重要的运营资金需求。对于制造业或销售业等需要实体产品的企业来说，原材料的采购直接关系到产品的生产和销售。企业需要有足够的资金来采购高质量的原材料，以保证产品的质量和市场竞争力。此外，租金和水电费也是企业日常运营中必不可少的开支。无论是办公室、生产车间还是仓库等场所，都需要支付租金和水电费用。这些费用的稳定支付是企业正常运转的保障。运营资金的稳定供应对于中小微企业的正常运转至关重要。一旦运营资金出现问题，可能会导致员工流失、生产中断、销售下滑等一系列严重后果。因此，中小微企业需要合理规划和管理运营资金，确保资金的充足和合理使用，以支持企业的持续稳定发展。同时，企业也需要积极寻求多元化的融资渠道，以应对可能出现的资金短缺问题。

（三）扩张资金需求

扩张资金需求是中小微企业在成长壮大过程中必须面对的重要议题。当企业发展到一定阶段，为了巩固市场地位、提升竞争力以及寻求更大的发展空间，扩张成了一个必然的选择。然而，扩张并非易事，它需要企业投入大量的资金和资源。在产能扩张方面，随着市场需求的增长，企业可能需要增加生产线、扩大生产规模以满足更多的订单和客户需求。这不仅包括购买更多的设备、扩建厂房，还可能涉及引进更先进的技术和管理模式。这些都需要大量的资金投入，以确保产能扩张的顺利进行。市场拓展也是中小微企业扩张的重要方向。为了开拓新的市场、吸引更多的客户，企业可能需要在市场调研、品牌推广、销售渠道建设等方面进行投入。这些活动不仅需要资金支持，还需要企业具备市场洞察力和创新的营销策略。此外，技术创新也是提升企业竞争力的关键。在科技日新月异的今天，中小微企业需要不断进行技术研发和创新，以保持产品的先进性和市场竞争力。然而，技术创新是一个长期且风险较高的过程，需要企业投入大量的研发资金和人力资源。

（四）风险应对资金需求

风险应对资金需求对于中小微企业来说至关重要，特别是在经济环境不稳定或行业波动频繁的背景下。这些企业需要有一定的资金储备，以应对随时可能出现的各类风险，如市场风险、供应链风险、法律风险等。这些风险不仅可能对企业的正常运营造成影响，甚至可能威胁到企业的生存。市场风险主要来源于市场需求的变化、竞争对手的策略调整以及宏观经济政策的变动等。中小微企业规模较小，对市场变化的抵御能力相对较弱，因此需要有足够的资金来应对这些不确定性，如进行市场调研、调整销售策略等。供应链风险则涉及原材料供应、物流配送等方面。在全球化和网络化日益普及的今天，任何一个环节的波动都可能影响到整个供应链的稳定。中小微企业需要预留一定的资金，以便在供应链出现问题时能够及时调整，保证生产的连续性。法律风险也不容忽视，特别是随着商业环境的日益复杂，企业在经营过程中可能面临的法律问题也越来越多。中小微企业需要储备一定的资金以应对可能的法律诉讼或合规风险，确保企业的合法权益不受侵害。通过建立风险准备金，中小微企业可以更好地应对这些挑战。这笔资金可以是企业的内部积累，也可以通过外部融资来筹集。融资不仅可以帮助企业快速获得所需的资金，还可以分散风险，提高企业的抗风险能力。在面临困境时，有足够的风险准备金可以让企业有更多的选择和更大的灵活性，从而保持稳健运营,甚至转危为机。

二、中小微企业的融资难度

(一) 信息问题

信息不对称是中小微企业融资过程中面临的一个重要问题。这些企业往往缺乏规范透明的财务管理制度和完善的信息披露机制,使外部投资者难以获得关于企业经营状况和信用风险的全面、准确信息。这种信息的不透明和不对称性,为投资者的决策带来了极大的不确定性,增加了投资风险,进而提高了中小微企业的融资难度。具体来说,由于中小微企业规模相对较小,管理水平参差不齐,很多企业并未形成标准化、系统化的操作流程。财务报表编制不规范、财务信息更新不及时等问题屡见不鲜。同时,这些企业也往往缺乏对外披露信息的主动性和透明度,使外部投资者难以从公开渠道获取到足够的信息来评估企业的真实价值和潜在风险。这种信息不对称的现象对中小微企业融资造成了显著的负面影响。首先,它增加了投资者的信息搜索成本,使投资者在做出投资决策时需要投入更多的时间和精力去核实信息的真实性。其次,信息不对称还可能引发道德风险和逆向选择问题,即投资者可能因为无法准确判断企业的信用风险而选择放弃投资,或者要求更高的风险溢价以补偿潜在的信息风险。

(二) 抵押担保问题

抵押担保不足是中小微企业融资难的一个重要原因。这些企业在运营初期或者扩张阶段,往往没有足够的资产或高质量的抵押物来支撑其融资需求。而传统的金融机构,如银行等,在审批贷款申请时,通常会要求借款方提供可靠的抵押物或第三方担保,以降低贷款风险。中小微企业由于规模相对较小,经营历史可能不够长,很难积累起足够的固定资产或有价值的抵押品。同时,这些企业也可能缺乏与大型企业或政府机构等强大实体的关联,难以获得第三方的信用担保。在这种情况下,即使这些企业有着良好的发展前景和盈利能力，仍然难以通过传统的融资渠道获得所需的资金。此外，金融机构对于抵押物的评估和接受标准也往往较为严格。中小微企业所拥有的设备、存货或应收账款等，可能由于价值评估困难、流动性差或风险较高等，并不被金融机构所接受作为贷款的抵押物。这使中小微企业在申请贷款时面临更大的困难。抵押担保不足不仅限制了中小微企业的融资能力，还可能阻碍其正常的发展和扩张计划。为了解决这个问题，一方面，中小微企业可以积极寻求其他形式的融资方式，如股权融资、政府补助或与其他企业的合作等；另一方面，政府和金融机构也应该考虑到中小微企业的实际情况，提供更加灵活和创新的融资产品和服务，降低对抵押物的过度依赖，从而支持这些企业的发展。

（三）规模歧视与信贷配给

规模歧视与信贷配给是中小微企业在信贷市场上经常遭遇的不公平现象。由于这些企业规模相对较小、经营风险较高，加上信息透明度较低，金融机构在评估信贷风险时，往往会对它们持更为谨慎的态度。这种谨慎态度在信贷市场上就表现为对中小微企业的规模歧视，使它们在获取融资时面临更多的困难和偏见。金融机构出于风险管理的考虑，更倾向于将资金贷给规模大、稳定性强、信息透明度高的企业。对于中小微企业，即使它们愿意支付更高的利率，金融机构也可能因为担心违约风险而降低其贷款额度，甚至拒绝提供融资服务。这就是所谓的信贷配给现象，即金融机构在信贷资源有限的情况下，会优先满足大型企业的融资需求，而忽视中小微企业的融资诉求。规模歧视与信贷配给不仅限制了中小微企业的融资渠道，还可能阻碍其正常的发展和创新。在竞争激烈的市场环境中，中小微企业往往需要更多的资金来支持产品研发、市场推广等关键活动。然而，由于金融机构的规模歧视和信贷配给，这些企业很难获得足够的融资支持，从而错失发展良机。

（四）融资渠道有限

融资渠道有限是制约中小微企业发展的一个重要因素。这些企业通常依赖传统的融资方式，如银行贷款、民间借贷等。然而，在实际操作中，这些融资渠道往往受到多种因素的制约，使中小微企业的融资需求难以得到满足。银行贷款是中小微企业最常用的融资方式之一，但获得银行贷款并不容易。银行在审批贷款时会对企业的信用记录、财务状况、抵押物等进行严格的评估，很多中小微企业由于无法满足这些条件而被拒之门外。此外，银行贷款的流程通常较为烦琐，审批时间较长，可能无法满足中小微企业对资金需求的紧迫性。民间借贷虽然相对灵活，但利率通常较高，且存在法律风险。同时，民间借贷市场规模有限，难以满足大量中小微企业的融资需求。除了银行贷款和民间借贷，中小微企业还可以考虑其他融资渠道，如股权融资、债券发行等。但这些方式门槛较高，需要企业具备一定的规模和实力，对于大多数中小微企业来说并不现实。此外，政策限制、市场竞争激烈以及利率成本较高等因素也进一步提升了中小微企业的融资难度。政策限制可能使某些融资渠道无法使用，市场竞争激烈则导致融资成本上升，而高利率则增加了企业的财务负担。

（五）金融知识匮乏

金融知识匮乏是许多中小微企业面临的共同问题。这些企业往往在日常运营中更侧重于产品或服务的开发和市场推广，而忽视了金融管理的重要性。当它们需要融资来支持企业的发展时，由于缺乏必要的金融知识和经验，在制定融资方案和谈判策略时往往显得力不从心。具体来说，中小微企业可能对于不同类型的融资方式、融资成本、融资风险等概念了解不足。这使它们在面对金融机构时，难以明确表达自身的融资需求和还款能力，也无法充分利用各种金融工具和策略来降低融资成本。在与金融机构的博弈中，这种知识匮乏无疑使中小微企业处于不利地位。此外，缺乏金融知识还可能导致中小微企业在融资过程中遭遇各种陷阱和风险。例如，它们可能在不完全了解合同条款的情况下签署贷款协议，或者在不明了市场风险的情况下盲目选择高风险的融资方式。这些问题都可能增加企业的融资成本，甚至威胁到企业的生存。因此，提高中小微企业的金融知识水平至关重要。企业可以通过加强内部培训、聘请专业的金融顾问或者与金融机构建立长期的合作关系等方式，来不断提升自身的金融管理能力。这不仅可以帮助企业在融资过程中制定合理的方案和策略，还可以有效地降低融资风险，从而为企业的发展提供有力的金融保障。

第二节　融资渠道

一、传统融资渠道

（一）银行贷款

银行贷款，作为中小微企业最常用的融资渠道之一，对于企业的资金流转和发展起到了至关重要的作用。当企业需要扩大生产规模、更新设备或者补充流动资金时，银行贷款往往成为首选。这是因为银行贷款提供的资金相对稳定，能够给企业带来持续且可靠的资金支持。然而，虽然银行贷款有着明显的优势，但也存在一些不容忽视的问题。首先，银行贷款的审批流程相对烦琐。企业需要提交大量的财务和经营信息，包括财务报表、经营计划、市场前景分析等。这些信息的准备和提交都需要耗费企业的时间和精力。而且，由于银行贷款的审批标准较为严格，一些财务状况不佳或者经营历史较短的中小微企业可能会面临贷款申请被拒绝的风险。其次，银行贷款通常需要提供抵押物或担保。这对于一些刚刚起步或者资产规模较小的中小微企业来说，是一个不小的难题。因为很多中小微企业并没有足够的抵押物或者难以找到合适的担保人，这导致它们无法通过银行贷款获得所需的资金。最后，银行贷款的利率相对较高，还款期限也较为固定。这意味着企业在获得贷款的同时，也需要承担一定的利息负担。而且，固定的还款期限可能会对企业的现金流造成一定的压力，特别是在经营出现波动或者市场环境不佳的情况下，企业可能会面临无法按时还款的风险。

（一）民间借贷款

民间借贷，作为中小微企业的另一种重要融资渠道，因其独特的优势而受到许多企业的青睐。与银行贷款相比，民间借贷的门槛明显较低，不需要提交复杂的财务报表或经过烦琐的审批流程。这种灵活性使中小微企业在急需资金时能够迅速获得支持，资金到账往往也更快，有助于企业及时应对各种经营挑战。然而，民间借贷也存在不容忽视的风险。最显著的问题就是利率通常较高。由于缺乏正规金融机构的严格监管，民间借贷的利率往往由市场供需关系和借贷双方的议价能力决定，这导致利率水平可能远高于银行贷款。高利率意味着企业需要承担更重的财务负担，这在一定程度上增加了企业的经营成本。此外，民间借贷还存在法律风险。由于民间借贷市场相对不够规范，借贷合同可能存在模糊不清的条款，甚至存在非法集资、高利贷等违法行为。企业在选择民间借贷时，必须仔细审查合同条款，确保借贷行为的合法性，并咨询专业法律人士以避免陷入法律纠纷。因此，中小微企业在考虑民间借贷时，必须谨慎评估各种风险。除了关注利率水平和法律风险，还需要考虑借贷方的信誉和还款能力。同时，企业应确保自身的合规性，避免因不当借贷行为而引发问题。通过全面评估风险和收益，企业可以作出更明智的融资决策，以支持其持续稳健的发展。

二、创新融资渠道

（一）股权融资方式

股权融资，作为一种重要的融资方式，允许企业通过出售部分股权来筹集必要的运营和发展资金。这种方式对于中小微企业来说，具有特别的吸引力，因为它不仅提供了长期的资金支持，还免去了定期偿还本金和利息的负担。这种融资模式的灵活性，使企业能够将更多资源用于核心业务的发展和创新，而不是被债务压力所牵绊。然而，股权融资并非没有代价。最显著的影响就是它会改变企业的股权结构。当企业引入新的股东时，原有股东的持股比例会相应减少，这可能导致企业控制权的分散。这种控制权的分散，一方面可能带来不同的经营理念和策略，促进企业的多元化发展；另一方面，也可能引发管理权和控制权的争夺，影响企业的决策效率和战略方向。因此，企业在选择股权融资时，必须谨慎考虑股权分配问题。这包括确定出售多少股权、以何种价格出售，以及如何平衡新股东和原有股东之间的权益。同时，企业还需要考虑治理结构的问题，确保在引入新股东后，能够维持有效的决策机制和企业管理。为了降低股权融资带来的风险，企业可以采取一系列措施，如制定明确的股权分配计划、设立合理的股东协议，以及建立有效的公司治理结构。这些措施有助于企业在获得资金支持的同时，也能保持稳定的运营和管理，从而实现持续健康的发展。

（二）债券发行方式

债券发行，指的是企业通过向公众或特定投资者发行债券来筹集资金。债券，作为一种债务证券，代表着发行方即企业向债券持有人承诺在一定期限内支付利息并偿还本金的义务。债券持有人则享有按照债券上约定的利率和期限获得利息，以及在债券到期时收回本金的权利。与银行贷款相比，债券发行赋予了企业更大的灵活性和自主性。企业可以根据自身的资金需求、市场环境和经营策略，灵活地设定债券的发行规模、期限、利率以及还款方式。这种灵活性使企业能够更好地匹配资金需求和还款能力，优化债务结构，并降低融资成本。然而，债券发行并非易事。首先，企业需要具备良好的信用评级。信用评级是评估企业偿债能力的重要指标，它直接影响债券的市场接受程度和融资成本。只有信用评级较高的企业，才能以较低的成本成功发行债券。此外，债券发行还需要企业遵守严格的监管要求。监管机构对债券发行的各个环节都有明确的规定，包括发行条件、信息披露、资金使用等。企业必须严格遵守这些规定，否则可能面临法律风险和监管处罚。

（三）互联网金融平台

互联网金融平台的崛起，为中小微企业打开了一扇新的融资大门。这些平台以其独特的优势，如低门槛、高效率、广泛的覆盖面，为众多寻求资金支持的企业提供了极大的便利。通过这些平台，中小微企业能够迅速发布自己的融资需求，无论是用于扩大生产规模、研发新产品，还是应对短期的资金周转问题，都能在短时间内吸引到大量投资者的关注和支持。互联网金融平台的低门槛特性意味着，即使是规模较小、资产有限的企业，也有机会获得所需的资金。同时，这些平台的高效率也让企业能够更快速地获得资金，从而抓住市场机遇，推动自身的发展。然而，正如一枚硬币有两面，互联网金融平台在带来便利的同时，也伴随着一定的风险。信息不对称是一个主要的问题。由于投资者和企业之间的信息不对等，可能会导致投资决策的失误，进而影响到资金的安全性和回报率。此外，一些不合规的平台可能存在欺诈行为，进一步加大了投资风险。

（四）供应链金融

供应链金融作为一种创新的融资方式，近年来越来越受到关注。它不同于传统的融资模式，而是基于供应链中的核心企业与上下游企业之间的紧密合作关系，利用核心企业的信用和资源优势，为整个供应链条上的中小微企业提供融资支持。在供应链中，核心企业通常具有较大的市场份额、稳定的盈利能力以及良好的信誉。这些优势使核心企业能够在金融机构中获得较低的融资成本。而供应链金融正是利用这一点，让核心企业为上下游企业提供融资担保或者直接提供资金支持，从而有效地解决中小微企业的融资难题。供应链金融的显著优势在于，它降低了中小微企业的融资成本，因为这些企业可以借助核心企业的信用来提升自己的融资能力。此外，供应链金融是以真实的供应链交易为背景的，因此融资效率也大大提高。更重要的是，通过加强供应链上各企业之间的合作，可以增强整个供应链的稳定性，提升整体竞争力。然而，供应链金融的实施也面临一定的挑战。首先，需要建立完善的供应链管理体系，确保供应链条上各环节的顺畅运作。其次，为了防范潜在的金融风险，必须建立严格的风险控制机制，包括但不限于对融资企业的资信评估、对融资项目的严格审批以及对融资资金使用的持续监控等。

第三节 金融市场与产品创新

一、金融科技驱动的金融市场创新

(一) 大数据征信体系的建设

传统征信体系在评估企业信用时，依赖于企业的财务报表和历史信用记录。然而，对于初创期或规模较小的中小微企业来说，这种评估方式存在明显的局限性。这些企业往往由于经营时间短、规模有限，难以提供完整、准确的财务报表，而历史信用记录也相对较少或缺失。因此，传统征信体系很难对它们做出准确的评估，从而限制了这些企业的融资能力。相比之下，大数据征信体系为中小微企业信用评估提供了便利。它不再依赖于有限的财务报表和历史信用记录，而是综合利用企业的多维度信息，包括交易数据、行为数据等，形成更全面、客观的信用评估结果。交易数据是大数据征信体系的重要组成部分，这些数据可以反映企业的实际经营情况，如销售额、采购量、供应链稳定性等。通过对这些数据的分析，金融机构能够更准确地了解企业的经营状况和还款能力，从而做出更明智的融资决策。此外，行为数据也是大数据征信体系的重要参考依据。这些数据包括企业在互联网上的行为痕迹，如搜索记录、浏览记录、购买记录等。这些行为数据能够揭示企业的信用意识和风险偏好，帮助金融机构更全面地了解企业的信用状况。大数据征信体系的应用不仅提高了信用评估的准确性和客观性，还为中小微企业提供了更多的融资机会。金融机构可以根据这些信用信息，为不同信用状况的企业提供定制化的融资方案，满足它们的个性化需求。这有助于缓解中小微企业融资难的问题，促进它们的健康发展。

(二) 智能化融资平台的开发

借助人工智能和机器学习技术，金融机构得以开发智能化的融资平台，这无疑是中小微企业融资方式的一场革命。这些先进的平台通过深度学习和自我优化，实现了贷款申请的自动化审批和风险管理，从而大大提高了融资效率，降低了企业融资成本。首先，智能化的融资平台能够基于企业的信用状况进行快速而准确的评估。通过接入大数据征信体系，平台能够获取企业多维度的信用信息，包括交易数据、行为数据等，进而利用机器学习算法进行深度分析。这样，平台不仅能够评估企业的历史信用记录，还能预测其未来的还款能力和风险水平，从而为企业提供更加精准的信用评估结果。其次，智能化的融资平台能够实现贷款申请的自动化审批。传统的贷款审批流程往往烦琐且耗时，需要人工审核大量的申请材料。而智能化的融资平台则能够通过预设的算法和模型，对贷款申请进行自动化处理和审批。这不仅大大提高了审批速度，还降低了人为因素导致的误差和偏见，确保了审批结果的客观性和公正性。最后，智能化的融资平台还能够为中小微企业提供个性化的融资方案。基于企业的信用状况和经营情况，平台能够快速计算出合适的贷款额度和利率，并为企业提供相应的融资建议。

二、金融产品与服务创新

（一）定制化融资方案的推出

中小微企业作为市场经济的活力源泉，在推动经济发展、促进就业等方面发挥着重要作用。然而，不同中小微企业在发展阶段、行业特点、融资需求等方面均存在显著的差异，这就要求金融机构在提供融资服务时，必须充分考虑到企业的实际情况，推出定制化的融资方案。不同的发展阶段决定了企业的融资需求差异。初创期的企业往往需要小额、短期的贷款来支持其产品研发和市场拓展；而成熟期的企业则可能更需要大额、长期的融资来支持其扩大规模、升级技术。因此，金融机构应根据企业的发展阶段，为其提供定制化方案。行业特点也是影响企业融资需求的重要因素。不同行业的企业在经营模式、盈利周期、风险水平等方面存在差异，这决定了它们在融资时的关注点不同。例如，制造业企业可能更注重贷款的长期性和稳定性，而服务业企业则可能更关注贷款的灵活性和便捷性。因此，金融机构在推出融资方案时，应充分考虑行业特点，为企业提供符合其行业特性的融资服务。企业的个性化需求也是定制化融资方案的重要考量因素。每个企业都有其独特的经营策略和发展目标，因此，其融资需求也各不相同。金融机构应深入了解企业的经营状况、财务状况、市场前景等信息，为企业量身定制融资方案，包括合适的贷款额度、期限、利率等，以满足企业的个性化需求。

（二）供应链金融服务的拓展

供应链金融，这一创新的融资模式，为中小微企业带来了前所未有的融资便利。它基于供应链上下游企业间真实、紧密的贸易往来，通过深度整合供应链中的信息流、物流、资金流等核心资源，为这些企业量身定制灵活、高效的融资解决方案。在供应链金融的运作中，金融机构不再孤立地看待单个企业的信用状况和还款能力，而是将视线扩展到整个供应链。通过深入分析供应链各个环节的运作情况，更加准确地评估中小微企业的实际风险水平，并据此提供更为精准的融资服务。具体来说，供应链金融提供了多种融资形式，以满足不同企业的需求。例如，基于应收账款的融资模式，允许企业将其未到期的应收账款作为质押物，从金融机构获得短期贷款。这种融资方式不仅缓解了企业现金流紧张的问题，还有助于加速资金回笼，提高企业运营效率。此外，基于存货的融资也是供应链金融的一大特色。企业可以将其存货作为抵押物，从金融机构获得资金支持。这种融资方式既解决了企业库存积压的问题，又为企业提供了必要的运营资金，有助于企业实现稳健发展。通过供应链金融，金融机构与中小微企业之间建立了更加紧密、互信的合作关系。这不仅提高了融资效率，降低了融资成本，还为整个供应链的稳定运行和持续发展提供了有力保障。未来，随着供应链金融的进一步发展和完善，相信它将为更多中小微企业带来更加便捷、高效的融资服务。

三、政策推动与市场环境优化

(一) 政策层面的大力支持

近年来，我国政府高度重视中小微企业的发展，并为此出台了一系列政策措施，旨在为其创造更加有利的发展环境。这些政策不仅体现了政府对中小微企业的关心和支持，更为其金融市场创新提供了坚实的保障。税收优惠政策是其中的重要一环。政府通过降低中小微企业的税负，减轻了其经营压力，提高了其市场竞争力。这不仅有助于企业积累更多的资本，也为其后续的扩大规模和创新发展提供了资金保障。财政补贴政策也为中小微企业提供了实质性的支持。政府针对特定行业或项目，为企业提供一定的财政补贴，帮助企业渡过难关，促进其稳定发展。这种直接的资金支持，有效地缓解了企业的资金压力，推动了其技术创新和市场拓展。融资担保政策也是政府支持中小微企业的重要举措。通过设立融资担保机构，政府为企业的贷款提供担保，降低了银行的风险，提高了企业获得贷款的可能性。这不仅解决了中小微企业融资难的问题，也为其提供了更多的融资选择。这些政策措施的实施，不仅为中小微企业提供了实实在在的支持，更为其金融市场创新提供了有力保障。在政策的引导下，越来越多的金融机构开始关注中小微企业的融资需求，推出了更加灵活、便捷的融资产品和服务。这不仅降低了企业的融资成本和风险，也为其发展注入了新的活力。综上所述，我国政府出台的一系列支持中小微企业发展的政策措施，为金融市场创新提供了有力保障，促进了企业的健康发展。未来，随着政策的不断完善和优化，相信中小微企业将迎来更加广阔的发展空间。

(二) 市场环境的持续优化

除了政府政策的积极扶持，市场环境的优化同样对中小微企业金融市场创新起着至关重要的作用。健康、公正、透明的市场环境，不仅能够为中小微企业提供更多的融资机会和选择，还能够推动金融市场的整体发展。完善法律法规体系是优化市场环境的基础。通过制定和完善相关法律法规，可以明确市场主体的权利和义务，规范市场行为，保护中小微企业的合法权益。同时，法律法规的完善还能够为金融市场创新提供法律保障，推动金融产品和服务的创新发展。加强金融监管也是优化市场环境的重要手段。通过加强对金融机构的监管，可以确保金融市场的稳定运行，防范金融风险，保护投资者的利益。对于中小微企业而言，加强金融监管意味着其融资过程将更加规范、透明，有助于降低融资风险，提高融资效率。推动金融市场的开放和竞争也是优化市场环境的关键。开放的市场能够吸引更多的资本和金融机构进入，为中小微企业提供更多的融资来源和选择。同时，竞争的市场能够促进金融机构之间的创新和服务升级，推动金融市场的整体发展。

第五章　影响中小微企业融资的因素

第一节　企业层面的原因

一、企业规模与资本结构

（一）信用评级与投资者信任

中小微企业的规模较小，往往意味着其在市场上的知名度和影响力相对较低。这种情况下，企业的信用评级通常会受到影响，难以获得较高的评级。信用评级是投资者判断企业偿债能力、经营稳定性和未来发展潜力的重要依据。较低的信用评级意味着投资者难以对企业的未来表现产生足够的信心，因此，中小微企业在寻求外部融资时，往往会面临更大的挑战。此外，由于中小微企业的规模和信息披露有限，外部投资者很难全面了解其经营和财务状况。这种信息不对称会导致投资者产生疑虑，降低对企业的信任度，从而增加企业的融资难度。为了获得投资者的信任，中小微企业需要加强自身的信息披露，提高财务透明度，展示其稳健的经营策略和良好的发展前景。

（二）资产负债率与融资困境

由于中小微企业的自有资本有限，它们往往需要通过借债来扩大经营规模、提升市场竞争力。然而,过度的债务融资会导致企业的资产负债率过高,进一步加剧融资困境。高资产负债率意味着企业的财务风险较高,一旦市场环境发生变化或企业经营出现问题,可能导致企业陷入债务危机。此外,高资产负债率还会影响企业的再融资能力。当企业需要更多的资金支持时,债权人可能因为担心企业的偿债能力而提高融资成本或拒绝提供贷款。这将使中小微企业在面临市场机遇或挑战时难以获得必要的资金支持,限制其发展空间。因此,中小微企业在寻求融资时,需要充分考虑自身的资本结构和偿债能力,合理规划债务融资和股权融资的比例,以降低财务风险并提高融资效率。

(三) 资本结构不合理与融资渠道限制

中小微企业的资本结构往往不够合理,许多企业过于依赖短期债务融资,而忽视了股权融资等长期资金来源。这种不合理的资本结构不仅增加了企业的财务风险,还限制了其融资渠道的多样性。首先,过度依赖短期债务融资会使企业面临较大的偿债压力。短期债务通常需要在较短的时间内偿还,这要求企业具备良好的现金流和偿债能力。然而,中小微企业的经营状况和市场环境往往存在较大的不确定性,一旦出现问题,可能导致企业无法按时偿还债务,进而引发财务危机。其次,忽视股权融资等长期资金来源会限制企业的融资渠道多样性。股权融资可以为企业提供长期稳定的资金支持,有助于企业实现可持续发展。然而,许多中小微企业对股权融资持谨慎态度,担心股权稀释和控制权旁落。这种担忧在一定程度上限制了企业的融资渠道选择和发展空间。为了优化资本结构并拓宽融资渠道,中小微企业需要积极寻求多元化的融资方式。除了传统的银行贷款,还可以考虑引入风险投资、私募股权等外部资金来源。同时,企业也应加强自身的管理和创新能力提升以吸引更多投资者的关注和支持。

二、盈利能力与偿债能力

(一) 盈利能力的局限性与外部融资的依赖

盈利能力,作为衡量企业经营成果的核心指标,对于中小微企业的生存和发展具有至关重要的意义。然而，由于中小微企业往往面临市场竞争力较弱、管理水平不高等诸多挑战，其盈利能力常常受到限制。这种局限性不仅影响了企业的内部积累，更增加了其对外部融资的依赖。中小微企业的盈利能力有限，往往导致内部留存收益不足以支撑企业的快速扩张和持续发展。当这部分资金不足时，企业就必须寻求外部资金来支持自身的运营和增长。由于内部资金的匮乏，中小微企业对外部融资的需求变得尤为迫切。无论是为了扩大生产规模、提升技术水平，还是为了应对市场波动、缓解现金流压力，外部融资都成为这些企业不可或缺的资源。然而，正因为盈利能力的不足，中小微企业在寻求外部融资时往往面临更大的挑战。盈利能力是投资者评估企业投资价值的关键因素。对于盈利能力有限的中小微企业而言，吸引外部投资者并非易事。投资者在决定是否投资时，会综合考虑企业的盈利能力、市场前景、管理团队等多个方面。而盈利能力的不足，很可能让投资者对企业的长期发展前景产生疑虑，从而降低其投资的意愿。为了提升盈利能力并降低对外部融资的依赖，中小微企业需要不断提升自身的市场竞争力，改进管理水平，创新产品和服务，以及优化成本控制。同时，积极寻求多元化的融资渠道，如政府补助、银行贷款、风险投资等，以缓解资金压力并推动企业的持续发展。

（二）偿债能力的重要性与挑战

偿债能力是企业按时足额偿还债务的能力，它直接关系到企业的信誉和持续经营。对于中小微企业而言，由于经营环境的多变和自身实力的限制，偿债能力往往成为其融资过程中的一大挑战。中小微企业的经营状况易受市场环境、管理水平和行业竞争等多重因素的影响。一旦经营不善或市场出现大幅波动，企业的偿债能力便会受到严重冲击。在这种情况下，企业不仅难以按时偿还债务，还可能面临资金链断裂的风险。偿债能力是企业信誉的重要体现。当债权人感知到中小微企业的偿债能力较弱时，便会提高融资成本或设置更为严格的融资条件以降低自身风险。这无疑增加了中小微企业的融资难度和成本负担。为了获得更优惠的融资条件，中小微企业需要不断提升自身的偿债能力。要提升偿债能力，中小微企业需要从多个方面入手，包括优化资产结构、提高运营效率、加强财务管理等。然而，这些改进措施的实施往往受到企业自身资源和能力的限制。例如，优化资产结构可能需要大量的资金投入，而提高运营效率则可能需要引进先进的管理系统和技术。这些挑战要求中小微企业在提升自身偿债能力的同时，也要充分考虑自身的实际情况和可行性。为了提升偿债能力并降低融资难度，中小微企业需要不断加强自身管理水平和市场竞争力，优化资产结构以降低财务风险，并积极寻求外部支持和合作机会以拓宽融资渠道。

（三）盈利能力与偿债能力的相互关系及其对企业融资的综合影响

盈利能力和偿债能力虽然从不同侧面反映了企业的财务状况和经营成果，但二者之间关系密切。盈利能力是企业偿债能力的基础，只有具备良好的盈利能力，企业才能有足够的现金流来偿还债务；而偿债能力又是企业盈利能力的重要保障，如果企业因偿债能力不足而陷入财务困境，其盈利能力也将受到严重影响。对于中小微企业而言，盈利能力和偿债能力的不足往往相互影响，共同加大了企业的融资难度。因此，在解决中小微企业融资难的问题上，需要综合考虑企业的盈利能力和偿债能力，从提升市场竞争力、改进管理水平、优化资产结构等多个方面入手，全面提升企业的财务状况和经营成果。同时，政府、金融机构和社会各界也应给予中小微企业更多的支持和关注，为其创造良好的融资环境和条件。

三、财务透明度与信息披露

（一）财务透明度的重要性及其缺失的影响

财务透明度是企业向外界展示其财务状况和经营成果的重要方式，对于企业与投资者之间建立信任关系具有至关重要的作用。在高度竞争和不断变化的市场环境中，透明的财务信息能够让投资者清晰地了解企业的经营状况、盈利能力和风险水平，从而为其投资决策提供有力依据。然而，许多中小微企业在财务透明度方面存在明显不足。这些企业的财务制度往往不健全，财务报表编制不规范，有时甚至出现造假行为。这些问题的存在严重降低了企业的信用评级，使投资者难以准确评估企业的真实财务状况和未来发展潜力。当投资者面对缺乏透明度的财务信息时，由于很难判断企业的真实价值和投资风险，往往会对企业产生疑虑，进而增加企业的融资难度。中小微企业财务透明度的缺失，不仅影响了其与投资者之间的关系，更可能对企业的长期发展造成不良影响。缺乏透明的财务信息可能导致企业内部管理混乱，无法及时发现和解决经营中的问题，进而影响企业的竞争力和市场地位。同时，不透明的财务信息还可能引发法律风险和声誉风险，给企业带来巨大的经济损失。

(二) 提高财务透明度的必要性

提高财务透明度对于中小微企业而言具有多方面的意义。首先，透明的财务信息有助于提升企业的信用评级。当企业能够公开、真实地展示其财务状况时，投资者和评级机构会更容易给予其更高的信用评价，从而降低企业的融资成本。其次，提高财务透明度有助于吸引更多的投资者。透明的财务信息能够让投资者更加清晰地了解企业的经营状况和未来发展潜力，从而增加其对企业的投资信心。这将有助于企业拓宽融资渠道，降低融资难度。最后，提高财务透明度还有助于加强企业的内部管理。通过规范财务核算流程和定期进行财务审计，企业可以及时发现并解决内部管理中的问题，进而提升企业的运营效率和市场竞争力。

(三) 如何提高中小微企业的财务透明度

中小微企业应首先建立完善的内部管理制度，确保财务核算的准确性和规范性。这包括制定严格的财务管理规定，明确各项财务核算流程和标准，以及设立专门的财务部门或岗位负责财务信息的记录和报告。中小微企业需要建立一套科学、合理的财务核算流程。这包括明确财务数据的采集、整理、记录和报告等，确保每一步操作都符合相关法规和会计准则的要求。同时，企业还应定期对财务核算流程进行审查和更新，以适应市场环境和经营活动的变化。通过规范财务核算流程，企业可以提高财务信息的可比性和可信度，从而增强财务透明度。为了确保财务信息的准确性和完整性，中小微企业应定期进行财务审计。通过聘请专业的审计机构对企业的财务报表进行审查和评价，可以发现并纠正可能存在的错误或舞弊行为。同时，财务审计还可以为企业提供独立的意见和建议，帮助企业改进财务管理和提高财务透明度。通过定期进行财务审计，企业可以赢得投资者和市场的信任，进而降低融资难度和融资成本。除了以上措施，中小微企业还应积极披露与经营相关的信息，如市场情况、竞争态势、风险因素等。这些信息有助于投资者更全面地了解企业的经营环境和未来发展前景，从而做出更明智的投资决策。同时，企业还可以通过加强与投资者的沟通和交流，及时解答投资者的疑问和关注，进一步增强投资者对企业的信任和支持。

四、管理层素质与决策能力

（一）管理层素质的重要性及其对企业的影响

在中小微企业中，管理层的素质高低直接关系到企业的经营状况和融资能力。一个优秀的管理团队能够为企业指明发展方向，制定科学合理的战略规划，并带领企业在激烈的市场竞争中脱颖而出。相反，如果管理层素质不高，缺乏战略眼光和管理经验，就可能使企业在市场竞争中陷入被动，甚至面临生存危机。具体来说，管理层素质的重要性体现在以下3个方面：第一，高素质的管理层能够洞察市场动态，把握行业趋势，从而为企业制定合适的发展战略。第二，具备丰富的管理经验和专业技能，能够有效地组织企业资源，提高运营效率。第三，高素质的管理层通常具有较强的风险防控能力，能够在复杂多变的市场环境中保持企业的稳健发展。然而，一些中小微企业的管理者往往缺乏必要的战略眼光和管理经验。这可能使企业在市场竞争中错失良机，无法及时应对行业变化。同时，这些企业在内部管理、市场开拓、产品创新等方面也可能存在诸多不足，进一步削弱了企业的竞争力。

（二）管理层决策能力的重要性及其风险

除了基本的管理素质，管理层的决策能力也是至关重要的。一个明智的决策能够带领企业走向成功，而一个错误的决策则可能让企业陷入困境。特别是在当前快速变化的市场环境中，管理层的每一个决策都可能关系到企业的生死存亡。错误的决策可能有多种原因，如信息不对称、判断失误、盲目跟风等。这些错误决策不仅会导致企业资源的浪费，还可能使企业面临巨大的经济风险。例如，过度扩张可能导致资金链断裂，投资失败可能使企业背负沉重的债务负担。这些风险最终都会转化为企业的融资难度，影响企业的长远发展。

（三）提高管理层素质和决策能力的途径

中小微企业应重视管理人才的培养和引进。一方面，通过定期的内部培训、外部学习交流等方式，提升现有管理者的专业素养和管理能力；另一方面，积极引进具有丰富经验和专业技能的外部人才，为企业带来新的管理理念和方法。战略眼光是管理者必备的重要素质。中小微企业可以通过组织管理者参加行业研讨会、市场分析等活动，拓宽他们的视野，增强对市场动态的敏感性。同时，鼓励管理者关注行业动态和最新技术趋势，以便及时调整企业的发展战略。为了提升管理层决策的科学性和合理性，中小微企业需要建立完善的决策机制。这包括明确决策程序、设立决策咨询机构、引入外部专家意见等。通过这些措施，可以降低决策风险，提高决策质量。同时，企业还应建立决策评估体系，定期对管理层的决策效果进行评估和反馈，以便及时调整决策策略。

五、市场定位与竞争优势

（一）明确市场定位的重要性

中小微企业在融资过程中，除了考虑财务状况、管理层素质等因素，还需要特别关注自身的市场定位和竞争优势。市场定位是企业发展的基石，它决定了企业在市场中的位置和未来发展方向。一个清晰、准确的市场定位可以帮助企业更好地了解目标客户群，从而制定更加精准的市场策略。然而，许多中小微企业在初创期或发展期，往往不重视市场定位。它们可能盲目跟随市场热点，或者试图覆盖所有的消费群体，最终导致产品或服务缺乏针对性，难以在激烈的市场竞争中脱颖而出。这种模糊的市场定位不仅会影响企业的盈利能力，还会降低企业在投资者眼中的吸引力。因此，中小微企业在融资前，必须对自身的市场定位进行深入的剖析。为了明确市场定位，企业需要深入了解市场需求和竞争态势。这包括研究目标客户的消费习惯、需求偏好以及竞争对手的产品特点和市场策略。通过对市场的深入了解，企业可以找到自身的独特卖点和市场切入点，从而制定出更具针对性的产品或服务策略。

（二）打造竞争优势的必要性

在明确了市场定位之后，中小微企业需要进一步打造自身的竞争优势。竞争优势是企业在市场中脱颖而出的关键，也是吸引投资者的重要因素。没有竞争优势的企业，很难在激烈的市场竞争中立足，更难获得投资者的青睐。为了打造竞争优势，中小微企业需要从多个方面入手。一方面，企业需要加大研发投入，不断推出具有创新性和前瞻性的产品或服务。这不仅可以满足消费者的多样化需求，还可以提升企业的品牌形象和知名度。另一方面，企业需要优化生产流程，降低生产成本，提高产品质量和交付速度。这将有助于企业在价格竞争中占据优势地位，并赢得客户的信任和满意。除了以上两方面，中小微企业还可以通过提供个性化服务、加强品牌营销、拓展销售渠道等方式来打造竞争优势。这些措施将有助于企业在市场中形成独特的竞争壁垒，并吸引更多的潜在客户和投资者。

（三）创新和改进是提升竞争力的关键

在明确了市场定位和打造了竞争优势之后，中小微企业还需要不断创新和改进产品或服务以满足客户需求。创新是企业发展的永恒主题，也是提升竞争力的关键所在。只有不断创新和改进，企业才能适应市场的变化和发展趋势，保持持续的竞争优势。为了推动创新和改进，中小微企业需要建立完善的研发体系和创新机制。这包括设立专门的研发团队、加大研发投入、建立创新激励机制等。同时，企业还需要积极引进外部技术和人才资源，加强与高校、科研机构的合作与交流，以便及时获取最新的技术信息和市场动态。在创新过程中，中小微企业需要密切关注客户需求的变化和反馈意见。只有深入了解客户的真实需求和痛点问题，企业才能针对性地进行产品或服务的创新和改进。这将有助于提升客户满意度和忠诚度，进而增强企业的市场竞争力。表 5-1 为影响中小微企业融资的因素。

表 5-1　影响中小微企业融资的因素

影响因素	特征
企业规模与年龄	中小微企业规模较小、经营年限较短，可能影响融资机构对其信用和还款能力的评估
财务状况与透明度	企业的财务报表是否规范、透明，对外部融资的获得有重要影响
抵押与担保能力	企业能否提供足够的抵押物或找到可靠的担保人，是获得融资的关键因素
行业与市场前景	企业所处行业的市场前景和竞争状况，会影响融资机构的风险评估
政策支持与优惠	政府提供的税收优惠、贷款贴息等政策支持，可降低企业融资成本，提高其融资能力
金融机构政策与偏好	金融机构的贷款政策、风险偏好等，会直接影响中小微企业的融资
社会信用体系完善程度	社会信用体系的完善程度影响企业融资，信用体系越完善，企业融资越便利

第二节　国家层面的原因

一、国家政策环境

（一）财政政策

1. 财政补贴政策的助力

财政补贴是国家为了支持某些特定行业或领域的发展，直接向企业提供资金支持的一种政策手段。对于中小微企业来说，这种补贴可以直接增加其现金流，降低其运营成本，从而更好地进行融资活动。近年来，国家针对中小微企业出台了多项财政补贴政策。例如，针对科技创新型小微企业，政府设立了专项创新基金，鼓励企业进行技术研发和创新。这种补贴不仅缓解了企业的资金压力，还激发了企业的创新活力，为其后续融资创造了条件。此外，政府还通过设立创业投资基金、贷款贴息等方式，为初创期和成长期的中小微企业提供资金支持。这些补贴资金可以作为企业启动资金或者用于扩大生产规模，提升市场竞争力，增强其对外部资金的吸引力。

2. 税收减免政策的扶持

税收减免是国家为了减轻企业税收负担，促进企业发展而实施的一种税收政策。对于中小微企业来说，税收减免可以有效降低其经营成本，提高其盈利能力，进而增强其内源融资能力。近年来，国家出台了一系列针对小微企业的税收优惠政策。例如，提高小微企业的增值税起征点、减半征收企业所得税等。这些政策有效减轻了中小微企业的税收负担，使其能够保留更多的利润用于再投资和创新发展。税收减免政策的实施，不仅直接减轻了中小微企业的经济压力，还传递了国家支持中小微企业发展的明确信号，增强了市场对中小微企业的信心。这种信心的提升有助于中小微企业在融资市场上获得更多投资者的关注和青睐。

（二）货币政策

1. 宽松货币政策下的融资环境

在宽松货币政策的背景下，国家通过降低存款准备金率、降低基准利率等手段增强市场流动性，使市场上的资金相对充裕。这种情况下，银行的信贷规模扩大，贷款利率有可能下调。对于中小微企业来说，宽松货币政策带来了融资成本的降低。由于市场资金充裕和贷款利率的下降，中小微企业能够以更低的成本从银行或其他金融机构获得所需的资金。这有助于缓解企业的资金压力，支持其扩大生产规模、进行技术创新或市场拓展。此外，宽松货币政策还可能带动投资者的乐观情绪，提升市场对中小微企业的投资意愿。在资金成本降低和市场信心增强的双重作用下，中小微企业的融资环境得到显著改善。

2. 紧缩货币政策下的融资环境

与宽松货币政策相反，当国家采取紧缩货币政策时，通常会通过提高存款准备金率、上调基准利率等方式来收缩市场流动性，以达到抑制通货膨胀、稳定物价等宏观经济目标。紧缩货币政策下，银行的信贷规模被压缩，贷款利率可能上升。这对于中小微企业来说，意味着融资难度的增加和融资成本的上升。由于资金供给减少和贷款条件趋紧，中小微企业在申请贷款时可能面临更严格的资质审查和额度限制。同时，紧缩货币政策可能导致投资者的风险偏好降低，对中小微企业的投资意愿减弱。在这种情况下，中小微企业需要付出更多的努力和成本来吸引外部资金。

二、金融市场结构

（一）多层次资本市场

1. 多层次资本市场降低了中小微企业的上市门槛

在过去，许多中小微企业由于规模、财务状况等方面的限制，很难达到主板市场的上市标准，从而难以通过资本市场进行融资。多层次资本市场体系的建立，特别是创业板、新三板等市场的设立，为这些企业提供了更多的上市机会。这些市场的上市门槛相对较低，更注重企业的成长潜力和创新能力，而非单一的财务指标。因此，许多处于初创期或成长期的中小微企业得以上市，从而获得了宝贵的资金支持。这不仅缓解了企业的资金压力，还为其后续的发展提供了动力。

2. 多层次资本市场提高了市场的流动性和定价效率

多层次资本市场体系的建立，还带来了市场流动性和定价效率的提升。由于不同市场之间存在一定的差异性和互补性，投资者可以根据自己的风险偏好和投资目标，在不同的市场之间进行选择，从而提高了市场的整体流动性。同时，多层次资本市场也促进了定价效率的提升。在各个市场上，众多投资者的交易行为形成了更为准确的价格信号，使得中小微企业的估值更为合理。这有助于企业以更公平的条件获得融资，进一步推动了中小微企业的发展。此外，多层次资本市场还为中小微企业提供了更多的曝光机会。通过在这些市场上市，企业可以吸引更多投资者的关注，从而拓宽其融资渠道。这不仅有助于企业解决资金问题，还能提升其品牌知名度和市场竞争力。

（二）金融机构创新

1. 大数据与人工智能提升贷款审批效率

在传统模式下，中小微企业由于财务信息不透明、抵押物不足等，往往难以从传统银行获得贷款。然而，随着大数据技术的发展，金融机构现在能够高效地收集、整理和分析企业的各类数据，包括但不限于经营数据、交易数据、税务数据等。这些数据为金融机构提供了更全面、更准确的企业画像，从而使其能够更精确地评估中小微企业的信用风险。此外，人工智能技术的应用也极大地提高了贷款审批的效率。通过智能化的信用评分模型和自动化的审批流程，金融机构能够在短时间内完成大量的贷款申请处理，大幅缩短了中小微企业的等待时间。这不仅提升了金融机构的服务质量，也降低了中小微企业的融资成本和时间成本。

2. 创新技术为传统银行难以覆盖的中小微企业提供融资机会

在传统的信贷体系中，很多中小微企业由于规模较小、经营历史较短或缺乏足够的抵押物而被银行拒之门外。然而，金融机构的创新技术正在打破这一局面。利用大数据和人工智能技术，金融机构能够更深入地了解中小微企业的经营状况和发展潜力，从而为其提供定制化的融资方案。这些方案可能包括灵活的贷款期限、较低的利率或者其他有利于企业发展的条款。这不仅为中小微企业提供了更多的融资机会，也提升了金融市场的公平性和多样性。此外，金融机构还在积极探索与电商平台、供应链管理等领域的合作，这些合作进一步拓宽了中小微企业的融资渠道。例如，通过电商平台的数据共享，金融机构可以更准确地评估电商卖家的信用状况，并为其提供相应的融资支持。

三、政府服务和支持

(一) 政府融资担保

1. 政府融资担保降低银行贷款风险

中小微企业在向银行申请贷款时，往往由于规模较小、抵押物不足或信用记录不完善等面临较高的贷款门槛。银行出于风险控制的考虑，可能会对中小微企业的贷款申请持谨慎态度。此时，政府融资担保机构的介入就显得尤为重要。政府融资担保机构通过为中小微企业提供担保服务，替银行分担了一部分贷款风险。这意味着，如果中小微企业无法按时偿还贷款，政府融资担保机构将承担相应的赔偿责任。这种风险共担机制有效地降低了银行的贷款风险，使其更加愿意向中小微企业提供贷款。

2. 政府担保增加银行对中小微企业的贷款意愿

有了政府融资担保机构的支持，银行对中小微企业的贷款意愿自然会增强。一方面，政府担保降低了银行的贷款风险，使其更加放心地向中小微企业提供贷款；另一方面，政府融资担保机构通常已与银行建立了紧密的合作关系，这种合作关系有助于增进银行对中小微企业的了解和信任。在实际操作中，政府融资担保机构会对申请担保的中小微企业进行严格的审核和评估，确保其具备一定的还款能力和信用基础。这种审核机制实际上为银行提供了一层额外的风险保障。同时，政府融资担保机构还会根据中小微企业的实际需求和经营状况，为其提供量身定制的担保方案，从而进一步增强银行对中小微企业的贷款意愿。

(二) 政府引导基金

1. 政府引导基金为中小微企业提供了新的融资渠道

中小微企业在发展过程中，常常面临资金短缺的难题。传统的融资渠道，如银行贷款，往往因为严格的贷款条件和烦琐的审批流程而让中小微企业望而却步。政府引导基金的设立，无疑为这些企业开辟了一条新的融资路径。政府引导基金以股权或债权的形式，直接向有潜力的中小微企业提供资金支持。这种融资方式相较传统的银行贷款更为灵活，且更侧重于支持企业的创新和发展。通过政府引导基金的注入，中小微企业可以获得更为充裕的资金，用于技术研发、市场拓展等方面，从而加速企业的成长步伐。

2. 政府引导基金引导社会资本流向

除了直接为中小微企业提供融资支持，政府引导基金还起到了引导社会资本流向的重要作用。在市场经济条件下，社会资本的流动往往受到多种因素的影响，包括市场风险、投资回报等。政府引导基金的介入，实际上为社会资本提供了一个明确的投资方向。通过政府引导基金的引领和示范作用，更多的社会资本被吸引到创新创业、产业升级等领域。这些领域的中小微企业因此获得了更多的关注和资源支持，有助于其快速成长和发展。同时，政府引导基金还促进了社会资本的合理配置和高效利用，推动了整个经济体系的优化和升级。此外，政府引导基金还通过与社会资本的合作，放大了财政资金的杠杆效应。这种合作模式不仅提高了财政资金的使用效率，还激发了社会资本的投资活力，形成了良性互动的发展格局。

第三节　银行层面的原因

一、银行对中小微企业的认知与定位

（一）风险评估与信贷政策

1. 中小微企业风险评估的挑战

中小微企业的经营规模相对较小，且财务管理体系往往不够规范、透明。这导致银行在对其进行信用评估时难以获取准确、全面的财务信息。此外，这些企业通常没有长期的经营历史和稳定的市场地位，进一步增加了风险评估的不确定性。为了规避潜在风险，银行往往会选择提高贷款利率或采取额

外的担保措施。然而，这种做法不仅增加了中小微企业的融资成本，还在一定程度上限制了其融资能力和发展空间。具体来说，当银行对中小微企业的信用状况缺乏足够信心时，它们可能会通过提高贷款利率来补偿潜在的风险。同时，为了确保贷款的安全性，银行还可能要求企业提供额外的担保物或保证人。这些措施虽然在一定程度上降低了银行的风险，但同时也给中小微企业带来了更大的经济压力。

2. 利用先进技术提升风险评估效率

为了缓解中小微企业在融资过程中遇到的困难，一些银行开始积极寻求创新解决方案。其中，利用大数据、云计算等先进技术来提升风险评估的准确性和效率成了一个重要的突破口。通过引入大数据技术，银行能够收集并分析更多维度的数据，包括企业的交易记录、市场行为、客户反馈等。这些数据不仅有助于银行更全面地了解企业的经营状况和发展潜力，还能为风险评估提供更为准确的依据。同时，云计算技术的应用使银行能够高效地处理和分析这些数据，从而及时作出信贷决策。在大数据和云计算的支持下，银行可以构建更为精细化的风险评估模型。这些模型能够综合考虑企业的财务状况、市场前景、行业趋势等多个因素，为银行提供更为精准的风险预测。此外，通过这些技术，银行还可以实现对企业经营状况的实时监控和预警，及时发现并应对潜在风险。

（二）产品与服务创新

1. 金融科技推动产品创新

金融科技的发展为银行提供了更多的产品创新空间。传统的贷款产品往往流程烦琐、审批时间长，这对于资金需求急迫、经营灵活的中小微企业来说，显然是不利的。因此，银行开始利用金融科技推出更加便捷、高效的贷款产品。例如，线上贷款申请平台的推出，使中小微企业可以随时随地进行贷款申请，无须再跑到银行排队等待。这种平台通常集成了大数据分析和人工智能技术，能够自动对企业的信用状况进行评估，从而大幅缩短了贷款审批的时间。这不仅降低了中小微企业的融资门槛，还提高了融资的效率。

2. 服务创新降低融资成本

除了产品创新，银行还在服务层面进行了大量的创新。传统的贷款服务往往需要企业提供大量的纸质材料和抵押物，这不仅增加了企业的融资成本，还浪费了宝贵的时间。而现在，银行通过简化贷款审批流程、优化服务体验，为中小微企业提供了更为便捷、高效的融资服务。例如，一些银行开始尝试使用电子签名和线上合同，替代传统的纸质合同和签名。这不仅提高了合同签署的效率，还降低了企业的交通和打印成本。同时，银行还通过提供线上咨询服务、定期推送金融知识等方式，帮助中小微企业更好地了解和使用金融产品，从而提高其融资能力。这些服务创新举措不仅提高了中小微企业的融资可获得性，还降低了其融资成本。在金融科技的推动下，银行正逐渐从传统的金融服务提供者转变为中小微企业的合作伙伴。

二、银行内部的信贷管理与风险控制

（一）信贷额度与期限

1. 信贷额度的限制

银行在为中小微企业提供贷款时，会根据企业的实际经营情况、财务状况、还款能力等因素，为其设置一定的信贷额度。这个额度通常是相对较小的，主要原因在于中小微企业的经营规模和资金需求相对较小，且其经营风险相对较大。银行为了控制风险，会给予相对较小的信贷额度。较小的信贷额度可能无法满足企业的全部资金需求，特别是在企业面临扩张、升级设备或研发新产品等重大投资决策时。资金不足可能会制约企业的快速发展和市场拓展，甚至影响到企业的生存。

2. 贷款期限的制约

除了信贷额度，中小微企业在贷款期限上也面临着一定的制约。由于中小微企业的经营风险相对较大，且其还款能力相对较弱，银行在为其提供贷款时，往往会设定较短的贷款期限。较短的贷款期限意味着企业需要在较短的时间内还清贷款，这无疑增加了企业的还款压力。同时，较短的贷款期限也限制了资金使用的灵活性。企业可能需要在贷款期限内完成投资、经营等活动，并尽快回笼资金以偿还贷款，这无疑增加了企业的经营风险和不确定性。为了促进中小微企业的健康发展，银行需要在控制风险的前提下，适度放宽信贷额度和贷款期限，为中小微企业提供更为灵活和便捷的融资服务。同时，政府和社会各界也应加大对中小微企业的支持力度，为其提供更多的融资渠道和政策支持，推动其快速发展。

（二）风险控制与担保要求

1. 传统风险控制手段的局限性

银行在提供贷款时，为了控制风险，通常会要求借款人提供抵押品或第三方担保。然而，中小微企业在这一环节上往往面临巨大的挑战。由于企业规模较小，它们通常缺乏抵押品，如房产、设备等，来满足银行的要求。同时，寻找合适的第三方担保人也并非易事，尤其是对于那些初创或规模较小的企业来说。这种担保要求的严格性，在很大程度上增加了中小微企业的融资难度。许多有潜力和创新能力的企业，因为无法满足这些担保要求而被迫放弃融资机会，从而限制了其发展和扩张的可能性。

2. 新型融资模式的探索与实践

为了缓解中小微企业在融资过程中的担保难题，一些银行开始积极探索无抵押贷款、联保联贷等新型融资模式。无抵押贷款，顾名思义，是指银行在提供贷款时，不要求借款人提供任何形式的抵押品。这种模式主要是对企业信用状况进行深入分析和评估，以确定其还款能力和意愿。利用大数据、云计算等先进技术，银行能够更准确地评估中小微企业的信用风险，从而为无抵押贷款提供有力的支持。而联保联贷则是一种企业间互保的融资模式。在这种模式下，多家中小微企业可以组成一个联保小组，为彼此的贷款提供担保。这种方式不仅降低了单个企业的担保压力，还通过企业间的监督和扶持，增强了整体的风险抵御能力。这些新型的融资模式，为中小微企业融资提供了新的路径。它们在一定程度上降低了融资门槛，使更多的中小微企业能够获得所需的资金支持。同时，这些模式也有助于提升银行对中小微企业融资需求的理解和服务水平，促进金融与实体经济的深度融合。

三、银行与中小微企业的信息不对称

(一) 信息透明度与可信度

1. 信息透明度的重要性

中小微企业普遍缺乏规范的财务制度和透明的信息披露机制。这不仅使企业内部的财务管理变得混乱，更重要的是，它导致外部投资者和债权人，尤其是银行，难以准确评估企业的真实财务状况、信用状况和还款能力。在信息不透明的情况下，银行为了规避风险，往往会选择谨慎放贷或者提高贷款利率，这无疑增加了中小微企业的融资成本。此外，信息的不透明还可能引发道德风险和信任危机。一些中小微企业为了获得融资，可能会采取财务造假等不正当手段，这不仅损害了企业的信誉，还可能触犯法律。因此，提高信息透明度不仅是中小微企业融资的需要，也是其健康、持续发展的必然要求。

2. 提高信息透明度的途径

为了提高信息透明度，中小微企业需要加强与银行的沟通与合作。首先，企业应建立完善的财务制度，确保财务数据的真实性和准确性。这是提高信息透明度的基础。其次，企业应定期向银行提供财务报表和相关信息，及时披露企业的经营状况、财务状况和风险状况。这样可以帮助银行更好地了解企业，从而做出更为准确的信贷决策。除了提供财务信息，中小微企业还可以通过加强与银行的日常沟通，及时解答银行对企业经营状况的疑问，增强银行对企业的信任。同时，企业也可以邀请银行参与企业的经营活动，如产品发布会、客户见面会等，让银行更深入地了解企业的运营模式和市场前景。值得注意的是，提高信息透明度并不意味着毫无保留地披露所有信息。中小微企业在与银行沟通时，应注意保护企业的商业秘密和核心竞争力。

(二) 征信体系建设

1. 征信体系的重要性

征信体系记录了企业的信用历史、还款记录、经营情况等关键信息，为银行和其他金融机构提供了宝贵的参考数据。对于中小微企业来说，其经营规模相对较小，抵押品有限，因此信用成为其获得融资的关键因素。一个完善的征信体系，能够缓解银行与企业之间的信息不对称，帮助银行更准确地评估中小微企业的信用风险，从而提高其获得融资的可能性。此外，征信体系还有助于培养社会的信用意识。当企业知道信用行为会被记录和评估时，会更有动力去维护自己的信用，减少违约行为。这种正向的激励机制，有助于构建一个更加诚信的商业环境。

2. 推动征信体系建设的力量

要构建一个完善、高效的征信体系，单靠市场的力量是不够的，还需要政府和社会各界的共同努力。政府在征信体系建设中发挥着关键的作用。首先，政府需要制定和完善相关的法律法规，为征信活动提供法律保障。其次，政府可以通过政策引导，鼓励更多的企业和个人参与到征信体系中来，从而丰富征信数据，提高其准确性。最后，政府还可以通过建设公共服务平台，推动征信数据的共享和应用，降低征信成本。除了政府，金融机构、企业、行业协会以及社会公众等都应该参与到征信体系的建设中来。金融机构可以通过共享自己的信贷数据，丰富征信体系的内容；企业可以主动提供自己的经营和财务数据，提高自身的信用评级；行业协会可以发挥桥梁作用，推动行业内的信用信息共享；而社会公众则可以通过监督和反馈，促进征信体系的不断完善。综上所述，一个完善的征信体系对于降低中小微企业的融资难度、提高金融市场的效率都具有重要意义。而政府和社会各界的共同努力，是推动征信体系建设的关键力量。

四、银行业务模式与市场竞争

（一）业务模式创新

1. 银行业务模式创新的必要性

传统银行业务模式以线下服务为主，流程烦琐，审批时间长，很难满足中小微企业对融资效率和灵活性的需求。随着金融科技的崛起，互联网、大数据、人工智能等技术的应用为银行业务模式创新提供了无限可能。银行若想在激烈的市场竞争中立足，就必须紧跟科技潮流，进行业务模式创新。此外，中小微企业作为我国经济的重要组成部分，其融资需求日益多样化。这些企业往往因为规模较小、抵押品不足等难以从传统银行渠道获得融资。因此，银行需要通过业务模式创新，打破传统融资模式的束缚，为中小微企业提供更加便捷、灵活的融资服务。

2. 银行业务模式的创新方式

为了适应市场需求和竞争压力，银行在业务模式创新上进行了诸多尝试。其中，线上贷款业务和供应链金融是两种典型的创新模式。线上贷款业务充分利用了互联网和大数据技术的优势，简化了贷款申请和审批流程。通过线上平台，中小微企业可以快速提交贷款申请，银行则可以利用大数据技术进行信用评估和风险控制，从而实现快速审批和放款。供应链金融则是一种基于产业链上下游企业之间的真实交易背景和信誉，为产业链上的中小微企业提供融资服务的模式。通过深入了解产业链运作模式和中小微企业的经营状况，银行可以为这些企业提供定制化的融资解决方案。这种模式不仅有助于解决中小微企业融资难的问题，还能促进整个产业链的健康发展。

（二）市场竞争与合作

1. 市场竞争对中小微企业融资的积极推动

银行业内部的竞争态势对中小微企业的融资环境产生了深远影响。在激烈的市场竞争中，为了吸引和留住客户，各银行纷纷采取措施降低贷款利率、简化审批流程、提升服务质量。这种竞争态势对中小微企业来说是一个福音，因为它不仅降低了融资成本，还提高了融资效率。中小微企业可以更加便捷地获得所需的资金，从而支持其业务发展和创新。此外，市场竞争还促使银行更加注重风险评估和管理，以确保贷款资金的安全性和回报性。这也在一定程度上降低了中小微企业的融资风险，增强了其市场信心。

2. 银行与其他金融机构的合作带来的融资便利

银行与其他金融机构的合作对中小微企业的融资环境同样产生了积极影

中小微企业经济金融问题研究

响。这种合作有助于拓宽融资渠道，降低融资成本，为中小微企业提供更多的融资选择。例如，通过与保险公司、证券公司等金融机构合作，银行可以开发出多元化的金融产品，满足中小微企业不同阶段的融资需求。同时，这种合作还可以实现资源共享和风险共担，从而降低单个金融机构的风险承担压力，提高整体金融系统的稳定性。

132

第六章 贵州中小微企业融资的外部环境分析

第一节 贵州金融市场的发展对中小微企业融资的影响

一、贵州金融市场概况与发展

(一) 政策扶持与金融机构的蓬勃发展

近年来,贵州省政府出台了《贵州省金融助企纾困若干措施》《贵州省"贵林贷"金融产品支持油茶产业高质量发展措施》等,大力支持金融业,为金融市场的迅猛发展奠定了坚实的基础。这些政策不仅鼓励了更多的金融机构进入贵州,还促进了金融服务的广泛覆盖。金融机构数量的不断增加,意味着中小微企业在寻求融资时有了更多的选择。这种多元化的金融服务环境,使企业可以根据自身的需求和条件,选择最合适的融资方案。此外,政策的扶持还体现在对金融机构的激励机制上。为了鼓励金融机构更好地服务于中小微企业,政府出台了一系列的税收、财政等政策,如《贵州省中小企业促进条例》《普惠金融税惠延期,助力小微企业复苏发展》《贵州省工业企业纾困解难实施方案》《贵州省促进服务业领域困难行业恢复发展的实施方案》。这些政策降低了金融机构的运营成本,使其更有动力为中小微企业提供优质、低成本的金融服务。

（二）金融科技的深度融合与创新应用

贵州金融市场另一个引人注目的亮点是对金融科技的创新应用。在互联网、大数据等先进技术的推动下，金融服务效率和质量得到了显著提升。特别值得一提的是贵州省推出大数据综合金融服务平台（2019年8月31日试运行，2022年6月正式上线）。该平台通过高效整合政府、金融机构和企业等多方资源，打破了传统金融服务中的信息壁垒，实现了数据的互通互联。中小微企业可以通过这个平台快速获取各类金融服务信息，包括贷款产品、投资机会、风险评估等。同时，平台还提供了一站式金融服务解决方案，大大简化了融资流程，降低了融资成本。更重要的是，大数据技术的应用使金融机构能够更精准地评估中小微企业的信用风险和偿债能力。基于大数据的信用评估模型，不仅可以提高贷款审批的效率和准确性，还有助于金融机构开发出更符合中小微企业实际需求的金融产品。

二、金融市场发展对中小微企业融资的积极影响

（一）融资渠道多样化

1. 传统银行贷款的延续与优化

在贵州金融市场的发展历程中，传统的银行贷款始终是中小微企业融资的重要方式。随着市场的深化和金融创新的推进，传统的银行贷款也呈现出了新的特点。首先，银行贷款产品日益丰富。针对不同行业、不同规模和不同经营状况的中小微企业，银行推出了多种贷款产品，以满足企业的差异化需求。比如，针对初创期的企业，银行提供了创业贷款，以较低的利率和灵活的还款方式支持企业的发展；对于成长期的企业，则推出了流动资金贷款、项目融资等，以满足企业扩大生产、拓展市场的需要。其次，银行贷款审批流程不断优化。为了提高贷款发放效率，银行对审批流程进行了精简和优化，缩短了贷款审批时间，使中小微企业能够更快速地获得所需资金。同时，一

些银行还推出了线上贷款申请和审批服务，进一步简化了贷款手续，提升了企业融资的便捷性。最后，银行在风险控制方面也进行了创新。运用大数据、云计算等技术手段，银行能够更准确地评估中小微企业的信用风险和偿债能力，从而制定出更合理的贷款政策和风险控制措施。这不仅有助于降低银行的贷款风险，也为中小微企业提供了更加安全、可靠的融资环境。

2. 股权融资的兴起与发展

随着贵州金融市场的不断发展，股权融资逐渐成为中小微企业融资的重要渠道之一。股权融资是指企业通过出售部分股权来筹集资金，具有融资额度大、无须还本付息等优点，备受中小微企业的青睐。在贵州，政府积极推动股权融资市场的发展，建立了多层次的资本市场体系，包括区域性股权交易市场等，为中小微企业提供了股权融资的平台。通过这些平台，中小微企业可以更加便捷地找到投资者，实现股权的流转和融资。同时，贵州还积极引入各类投资机构，包括风险投资、私募股权等，为中小微企业提供更多的股权融资机会。这些投资机构具有丰富的行业经验和专业的投资眼光，在为中小微企业提供资金支持的同时，还为其提供战略规划、市场拓展等方面的帮助。此外，贵州还加强了对股权融资市场的监管和规范，保障了市场的公平、公正和透明，增强了市场的信心。因而，中小微企业在股权融资过程中能够更加放心地寻求资金支持，推动股权融资市场健康发展。

3. 其他融资方式的探索与创新

除了传统的银行贷款和股权融资，贵州金融市场还积极探索和创新其他融资方式，以满足中小微企业多样化的融资需求。债券发行就是一种重要的融资方式。近年来，贵州政府积极推动企业债券市场的发展，鼓励中小微企业通过发行债券来筹集资金。这不仅为企业提供了低成本的资金来源，还有助于提高企业的知名度和信誉度。此外，融资租赁也成为中小微企业的一种新选择。融资租赁是企业将资产出售给租赁公司后再租回使用的一种融资方式，通过这种方式，企业不仅可以获得流动性资金，还可以继续使用资产进行生产经营。这种融资方式具有灵活性高、成本低等优点，因此受到了中小微企业的欢迎。还有一些新兴的融资方式，如众筹、P2P网络借贷等，为中小微企业提供了更多的融资选择。这些方式通过互联网平台实现了资金的快速筹集和分配,降低了融资成本和时间成本,提高了融资效率。

(二) 融资成本降低

1. 金融市场竞争加剧推动融资成本下降

在贵州,随着各类金融机构的不断涌入,市场竞争变得日益激烈。为了在竞争中脱颖而出,金融机构不得不采取各种策略来吸引和留住客户。其中,推出优惠的贷款政策和降低利率成为他们吸引中小微企业的有力武器。但这种市场竞争的加剧,对中小微企业而言,无疑是一个利好的消息。过去,由于金融市场不够发达,中小微企业在融资时往往面临着高昂的融资成本,这严重制约了它们的发展。而现在,随着金融机构之间竞争的加剧,中小微企业有了更大的议价空间,可以以更低的成本获得所需的资金。

2. 优惠贷款政策的推出与实施

为了争夺客户资源,金融机构纷纷推出各种优惠的贷款政策。这些政策包括但不限于降低贷款门槛、提高贷款额度、延长贷款期限等。这些政策的推出,大大降低了中小微企业的融资成本,使它们能够更轻松地获得所需的资金。以某商业银行为例,他们针对中小微企业推出了"低息贷款"政策。在该政策下,中小微企业可以享受到低于市场平均水平的贷款利率。这不仅降低了企业的融资成本,还提高了企业的资金利用效率。同时,该银行还提供了灵活的还款方式,进一步减轻了企业的财务负担。除了商业银行,其他金融机构也纷纷推出了类似的优惠政策。这使中小微企业可以根据自己的实际情况和需求,选择最适合自己的贷款政策和产品。

3. 利率下调减轻企业财务负担

在金融市场竞争的刺激下,金融机构不仅推出了优惠的贷款政策,还纷纷下调了贷款利率。这降低了中小微企业的融资成本,从而减轻了企业的财务负担。利率的下调对于中小微企业而言意义重大。首先,它降低了企业的融资成本,使得企业可以以更低的成本获得所需的资金。这对于资金紧张的中小微企业来说,无疑是一个巨大的利好。其次,利率的下调还提高了企业的盈利能力。由于融资成本较低，企业可以将更多的资金用于生产经营和市场拓展，从而提高企业的盈利能力和市场竞争力。此外，利率下调还激发了中小微企业的投资热情和创新活力。由于融资成本降低，企业更有动力进行技术研发和产品创新，以寻求更大的市场机会和发展空间。同时，这也为整个社会的经济发展注入了新的活力和动力。

（三）提高融资效率

1. 互联网平台与融资流程的简化

随着金融科技的迅猛发展，互联网平台已经成为中小微企业融资的重要渠道。这些平台不仅为企业提供了展示自身融资需求的舞台，还极大地简化了融资申请的流程。传统的融资申请往往需要企业提交大量的纸质材料，并经过多个环节的审核，这不仅耗时耗力，还可能因为材料的不完整或审核流程的烦琐而延误融资时机。而现在，通过互联网平台，中小微企业只需在线上填写相关信息，上传必要的电子版材料，便可快速完成融资申请的提交。这种线上申请的方式大幅缩短了融资申请的周期。企业不再需要往返于金融机构之间，节省了大量的时间和精力。同时，由于所有材料均以电子版形式存在，审核人员可以随时随地查阅，进一步提高了审核的效率。此外，互联网平台还提供了实时的申请进度查询功能，使企业能够随时掌握融资申请的最新动态，从而做出更加及时地调整和决策。

2. 大数据助力精准信用评估

在金融科技的支持下，金融机构可以利用大数据等技术手段对中小微企业进行更精准的信用评估。过去，金融机构在评估企业信用时，依赖企业提供的财务报表和历史信贷记录等信息。然而，这些信息往往具有滞后性，且可能无法全面反映企业的真实经营状况。而现在，通过大数据技术，金融机构可以实时收集并分析企业的交易数据、市场数据、舆情数据等多元信息，从而更全面地评估企业的信用状况。大数据技术的应用不仅提高了信用评估的准确性，还大幅缩短了评估的周期。传统的信用评估流程可能需要数周甚至数月的时间，而现在，通过自动化的数据处理和分析，金融机构可以在短时间内完成对企业的信用评估，并快速做出贷款决策。这种高效的信用评估方式不仅为金融机构节省了人力和时间成本，还使中小微企业能够更快速地获得所需的资金支持。

3. 智能化决策与风险管理

金融科技的发展还推动了金融机构决策过程的智能化。借助先进的算法和模型，金融机构可以对中小微企业的融资申请进行自动化审批和决策。这种智能化决策方式不仅提高了决策的效率和准确性，还降低了人为干预的风险。同时，金融科技的发展使金融机构实现了更加精细化的风险管理。通过对企业数据的实时监测和分析，金融机构可以及时发现潜在的风险点，并采取措施进行防范和控制。这种风险管理方式不仅有助于降低金融机构的信贷风险，还为中小微企业提供了更加安全可靠的融资环境。

（四）增强风险管理能力

1. 现代风险管理工具的应用与信用风险评估

随着金融市场改革的不断深化，金融机构风险管理能力得到了显著提升。这一提升很大程度上得益于现代风险管理工具和技术手段的应用。特别是在信用风险评估方面，金融机构现在能够借助先进的数据分析模型，比如信用评分模型、决策树模型等，对中小微企业的信用状况进行更为精准的评估。这些模型不仅分析了企业的财务报表和历史信贷记录，还纳入了更多维度的数据，如企业的经营状况、市场地位、供应链情况、行业发展趋势等。通过全方位的数据挖掘和分析，金融机构能够更准确地判断中小微企业的偿债能力，从而制定出更为合理的信贷政策。此外，这些现代风险管理工具还具备动态监测功能，能够实时跟踪中小微企业的经营变化，及时发现潜在风险，为金融机构提供预警，有助于其及时调整风险控制策略。

2. 市场风险的量化与管理

除了信用风险，市场风险也是中小微企业融资过程中不可忽视的一环。随着金融市场的波动，利率、汇率等的变化都可能对企业的融资成本和还款压力产生影响。因此，金融机构在提升风险管理能力的过程中，也加强了对市场风险的量化和管理。现代金融风险管理技术，如风险价值模型（VaR）、压力测试等，被广泛应用于市场风险的管理中。利用这些技术手段，金融机构可以模拟不同市场环境下的资产价格波动，评估其对中小微企业融资的影响，并据此制定对冲策略或风险准备计划。这种量化的市场风险管理方法，不仅提高了金融机构对市场变动的敏感性和应对能力，也为中小微企业提供了更为稳定的融资环境。企业在面临市场波动时，能够更清晰地了解自身的风险敞口，从而更好地规划融资和经营活动。

3. 操作风险的防范与控制

操作风险是金融机构在业务运营过程中面临的重要风险之一。对于中小微企业而言，操作风险同样不容忽视。随着金融机构风险管理能力的提升，对操作风险的防范与控制也变得更加精细和全面。一方面，金融机构通过完善内部流程和制度建设，降低人为错误和内部欺诈的可能性。例如，通过实施严格的审批流程、设立独立的内部审计部门、加强员工培训等，确保融资业务的合规性和准确性。另一方面，金融机构还借助技术手段来防范操作风险。比如，利用自动化系统处理融资申请和放款流程，减少人为干预的环节；通过大数据分析和监测，及时发现异常交易行为，防止欺诈风险的发生。这些操作风险的防范与控制措施，不仅提升了金融机构的业务效率和安全性，也为中小微企业提供了更为可靠的融资服务。企业在融资过程中能够更放心地与金融机构合作，降低了因操作风险导致的融资失败或资金损失的可能性。

第二节 贵州地区经济环境对中小微企业融资的制约与机遇

一、贵州地区经济环境对中小微企业融资的制约

（一）经济发展水平相对滞后

1. 经济基础薄弱与财政扶持力度

贵州地区的经济基础相对薄弱，这一点不容忽视。相较东部沿海地区的繁荣，贵州的经济发展起步较晚，历史积累相对较少。这导致地方财政收入

有限,政府在扶持中小微企业方面显得力不从心。虽然政府也希望通过财政补贴或税收优惠等措施来支持这些企业,但实际操作中,由于财政压力,扶持措施可能难以全面、持续地实施。对于中小微企业而言,政府的财政扶持是其发展的重要推动力。然而,在贵州这样的经济发展相对滞后地区,政府能提供的扶持力度有限,这无疑增加了中小微企业的融资难度。这些企业往往需要更多的自有资金或外部融资来支持其运营和发展,而政府的有限扶持无疑加大了它们的财务压力。

2. 金融市场成熟度与金融服务体系

贵州地区的经济发展水平滞后也意味着当地金融市场可能不够成熟。与东部沿海地区相比,贵州的金融市场发展起步较晚,各种金融机构和金融产品的种类和数量都较少。因而,中小微企业在寻求融资时,可选择的融资渠道和金融产品有限。金融市场的成熟度直接影响到金融服务体系的完善程度。在贵州地区,由于金融市场的不够成熟,金融服务体系也不够完善。这表现为金融机构数量不足、金融服务种类单一、金融服务覆盖面不广等。这些问题都限制了中小微企业的融资渠道和融资效率。对于中小微企业来说,一个完善的金融服务体系是它们获得融资的重要保障。然而,在贵州这样的地区,中小微企业在融资过程中往往面临更多的困难和挑战。它们可能需要花费更多的时间和精力去寻找合适的融资渠道和金融产品,这无疑增加了其运营成本和时间成本。

3. 中小微企业的融资困境与突破

由于上述两个因素的影响,贵州地区的中小微企业在融资方面面临着严峻的困境。一方面,政府的财政扶持力度有限,这些企业难以从政府那里获得足够的资金支持;另一方面,金融市场的不成熟和金融服务体系的不完善又限制了它们的融资渠道和融资效率。然而,困境之中也蕴藏着机遇。随着国家对中西部地区发展的重视和支持力度的加大,以及金融科技的不断进步和应用,贵州地区也有望在这方面取得突破。例如,利用金融科技手段,这些企业可以更加便捷地获取金融服务和融资支持;同时,随着贵州地区经济的不断发展和金融市场的逐步成熟,这些企业的融资渠道也将更加多样化。

此外，中小微企业自身也需要积极寻求创新和突破。例如，它们可以通过加强自身的信用建设、提高管理水平和透明度、拓展新的市场和业务领域等方式来提升自身的融资能力和市场竞争力。同时，它们还可以积极寻求与大型企业或金融机构的合作，以获取更多的资源和支持。

（二）金融资源分布不均

1. 金融资源集中与偏远地区金融服务缺失

贵州的金融资源主要集中在省会贵阳等大城市。这些城市凭借其地理位置、经济实力和政策优势，吸引了大量的金融机构和金融资本。相比之下，偏远地区的中小微企业则往往难以获得便捷的金融服务。这种金融资源的地域性集中，导致了金融服务在偏远地区的严重缺失。这种缺失不仅表现为金融机构数量的不足，更体现在金融产品和服务的单一性上。偏远地区的中小微企业即便能够接触到金融服务，也往往只能选择最为传统和基本的金融产品，如简单的存贷款业务，而更加复杂、个性化的金融服务则无从谈起。

2. 中小微企业融资困境与风险评估

由于金融资源的不均衡分布，许多中小微企业在寻求融资时面临诸多困难。这些企业通常规模较小，经营历史有限，因此难以提供足够的抵押物或信用记录来证明自己的偿债能力。同时，由于地处偏远，它们与大城市中的金融机构之间的信息不对称问题尤为严重，这使得金融机构在对其进行风险评估时更加谨慎。即便是在贵阳等大城市，中小微企业也常常难以获得融资。这主要是因为金融机构对中小微企业的风险评估较为严格。这些企业往往缺乏规范的管理制度和透明的财务报表，金融机构难以准确评估其信用状况和偿债能力。因此，即便是在金融资源相对丰富的大城市，中小微企业也面临着融资难的问题。

3. 解决金融资源不均衡的策略与建议

解决贵州地区金融资源不均衡的问题，需要政府、金融机构和社会各方共同努力。政府可以通过制定优惠政策，鼓励金融机构向偏远地区扩展业务。例如，提供税收优惠、降低市场准入门槛等，吸引更多的金融机构进入偏远地区。同时，政府还可以设立专门的中小微企业融资担保基金，为企业提供担保服务，降低金融机构的风险顾虑。金融机构应积极探索和创新适合偏远地区和中小微企业的金融产品和服务。例如，开发基于互联网和移动支付的金融产品，以降低服务成本和提高服务效率。此外，金融机构还可以通过与当地政府、商会等合作，建立信息共享机制，缓解信息不对称问题，提高对中小微企业风险评估的准确性。中小微企业自身也需要加强管理和财务透明度建设，提高自身的信用评级和偿债能力。通过引进现代企业管理制度、完善财务报表等，提升企业的整体形象和信誉度。同时，积极参与政府和社会组织提供的金融培训活动，提高员工的金融知识水平和风险防范能力。

（三）信用体系缺乏完善

1. 信用信息的缺失与金融机构的谨慎态度

在贵州地区，由于信用体系尚不完善，金融机构在评估中小微企业的信用风险时，常常面临信息不足的问题。这种信用信息的缺失，使得金融机构难以全面、准确地了解企业的经营状况、财务状况以及偿债能力。在这种情况下，为了规避潜在的信贷风险，金融机构往往采取更为谨慎的态度，甚至可能拒绝为中小微企业提供融资服务。具体来说，信用信息的缺失可能导致金融机构无法准确判断企业的还款意愿和还款能力，使金融机构的信贷风险增加，因为一旦出现不良贷款，金融机构将面临资金损失。因此，金融机构在面对信用信息不完善的中小微企业时，更倾向于采取保守的信贷政策。

2. 中小微企业的困境与融资难题

对于中小微企业来说，信用体系的不完善往往使它们的融资活动陷入困境。首先，由于缺乏全面的信用信息，企业难以向金融机构展示自己的信用状况和偿债能力，从而难以获得金融机构的信任和支持。这导致企业在寻求融资时面临更高的门槛。其次，由于金融机构的谨慎放贷政策，即使中小微企业能够获得融资支持，也往往需要支付更高的融资成本。这增加了企业的财务负担，降低了企业的盈利能力，甚至可能对企业的生存和发展造成威胁。最后，信用体系的不完善还可能导致中小微企业在市场竞争中处于不利地位。

在缺乏信用信息的情况下，企业难以获得供应链上下游合作伙伴的信任和支持，从而限制了企业的业务拓展和市场份额的提升。

3. 完善信用体系的建议与措施

政府、金融机构和中小微企业需要共同努力，采取一系列措施来完善信用体系。首先，政府应加大对信用体系建设的投入和支持力度。通过建立和完善公共信用信息平台，整合各类信用信息数据资源，提高信用信息的可得性和准确性。同时，政府还应加大对失信行为的惩戒力度，提高失信成本，促进社会信用环境的改善。其次，金融机构应积极参与信用体系的建设和完善工作。金融机构应与政府、企业等合作，推动信用信息的共享和应用。此外，金融机构还应加强自身风险管理能力建设，提高对中小微企业信用风险的识别和评估能力，以便更准确地为企业提供融资服务。最后，中小微企业自身也应加强信用建设和管理。通过完善内部管理制度、提高财务报表透明度等方式来提升自己的信用评级和偿债能力。同时，积极参与政府和社会组织提供的信用培训和宣传活动，增强员工的信用意识和风险防范能力。

（四）中小微企业自身问题

1. 管理不规范与财务报表不透明

许多中小微企业在初创或成长阶段，由于资源有限和经验不足，往往存在管理不规范的问题。这种不规范体现在多个方面，如决策流程随意、人力资源管理混乱、市场营销策略不明确等。这些问题直接导致企业内部运营效率低下，难以形成稳定且高效的经营模式。更为严重的是，一些中小微企业的财务报表不透明，甚至存在造假现象。财务报表是企业财务状况和经营成果的重要体现，也是金融机构评估企业融资申请的重要依据。然而，中小微企业的财务管理水平参差不齐，部分企业的财务报表编制不规范，甚至存在人为操纵利润的情况。这不仅损害了企业的信誉，更让金融机构在评估其融资申请时持谨慎态度。因而，中小微企业需要加强规范化建设，完善内部管理制度，提高财务报表的透明度和真实性，以赢得金融机构的信任，提高融资成功率。

2. 缺乏有效的抵押物

金融机构通常需要企业提供一定的抵押物作为贷款担保。然而，中小微企业往往缺乏有效的抵押物，一方面，中小微企业规模较小，资产有限，难以提供足够的抵押物；另一方面，即使有一定的资产，也可能因为价值评估、权属证明等问题而无法被金融机构接受。抵押物的缺乏使金融机构在提供贷款时需承担更大的风险，促使它们提高贷款利率或降低贷款额度。这无疑增加了中小微企业的融资成本，限制了其资金的使用效率。为了缓解这一困境，中小微企业可以积极寻求其他担保方式，如第三方担保、联保等。同时，政府和社会各界也应加大对中小微企业的支持力度，推动建立多元化的融资担保体系，为中小微企业提供更多的融资选择。

3. 缺乏长远规划与可持续发展潜力展示

部分中小微企业在经营过程中缺乏长远规划，只关注眼前利益而忽视了企业的长期发展。这使它们在申请融资时，难以向金融机构展示其可持续发展的潜力。金融机构在评估企业融资申请时，不仅会关注企业当前的经营状况，还会重点考察其发展前景和盈利能力。如果企业无法提供清晰的长远规划和可持续发展的证明，那么金融机构很可能会对其融资申请持保留态度。因此，中小微企业需要重视长远规划的制定和实施。通过明确企业的发展目标、市场定位、竞争策略等关键要素，形成一套完整且可行的发展规划。同时，企业还应积极向金融机构展示其技术创新能力、市场拓展能力等，以证明自身具备可持续发展的潜力。

二、贵州地区经济环境对中小微企业融资的机遇

（一）政策支持与引导

1. 设立中小微企业发展专项资金

贵州地区政府深知中小微企业在初创期和成长期对于资金的迫切需求，特别设立了中小微企业发展专项资金。这笔资金主要用于支持中小微企业的技术创新、市场开拓、品牌建设以及人才培训等。但不仅为中小微企业提供

了实实在在的资金支持，还传递了政府对企业发展的关心与支持，极大地提振了企业家的信心。专项资金的申请和使用过程都经过了严格的审核，确保了其合理有效。许多中小微企业正是依靠这笔资金，成功渡过了创业初期的艰难时光，逐步走上了稳定发展的道路。同时，专项资金还鼓励企业进行技术创新和市场拓展，推动了产业结构的优化升级。

2. 提供税收优惠

为了进一步减轻中小微企业的经营负担，贵州地区政府还出台了一系列税收优惠政策。这些政策包括但不限于减免税费、延期缴税、税收抵扣等，旨在降低企业的运营成本，提高企业的盈利能力。税收优惠政策的实施，使中小微企业能够将更多的资源投入产品研发、市场拓展等领域，从而增强了企业的市场竞争力。此外，政府还通过简化税收征管流程、提高办税效率等措施，为中小微企业提供了更加便捷高效的服务。这些举措不仅减轻了企业的税务负担，还提高了企业的运营效率，让中小微企业能够更加专注于自身的发展和创新。

3. 建立企业融资担保体系

中小微企业在融资过程中往往面临着抵押物不足、信用记录缺失等难题，导致它们难以从金融机构获得贷款。为了解决这一问题，贵州地区政府积极推动建立企业融资担保体系。该体系通过政府出资或引导社会资本设立担保机构，为中小微企业提供融资担保服务，有效分担了金融机构的信贷风险，提高了中小微企业的融资成功率。融资担保体系的建立，不仅缓解了中小微企业的融资难题，还促进了金融与实体经济的深度融合。在担保机构的支持下，越来越多的中小微企业获得了发展所需的资金，实现了快速成长。同时，这也为金融机构提供了更多的优质信贷资产，形成了良性互动的金融生态环境。

（二）金融市场逐步成熟

贵州的经济增长吸引了众多金融机构的目光。越来越多的银行、保险公司、证券公司进入贵州市场，为中小微企业量身定制了一系列融资产品和服务。这些产品和服务不仅包括传统的贷款、信用证等，还有供应链融资、应收账款融资等创新产品，满足了企业多样化的融资需求。互联网金融的异军突起，为中小微企业融资开辟了新的路径。借助大数据、云计算等先进技术，互联网金融平台能够为企业提供更加便捷、高效的融资服务。P2P 借贷、众筹，以及基于供应链的金融服务，为中小微企业提供了更多的融资选择和更快的资金到位时间。随着金融市场的竞争加剧，金融机构为了争夺市场份额，纷纷推出优惠的融资政策，这不仅拓宽了中小微企业的融资渠道，还降低了它们的融资成本，使得更多的中小微企业能够享受到金融服务的红利。

（三）产业升级与转型带来的机遇

1. 新兴产业和高新技术产业的蓬勃发展

贵州地区正致力于发展新兴产业，如大数据、云计算、人工智能、生物医药等。这些产业具有高附加值、高技术含量的特点，是推动地方经济高质量发展的重要力量。对于中小微企业来说，这些新兴产业的发展为它们提供了更多的商业机会和合作模式。企业可以依托新兴产业的发展趋势，开发新的产品或服务，拓展市场份额，提高盈利能力。与此同时，新兴产业的发展也带动了相关产业链上下游的协同创新。中小微企业可以通过参与产业链的合作与分工，实现资源共享和优势互补，提升自身的竞争力。这种产业链的整合和创新，为中小微企业提供了更多的商业机会和发展空间。

2. 金融机构对潜力企业的关注与支持

在产业升级和转型的过程中，金融机构也在积极调整信贷政策，更加关注具有发展潜力的中小微企业。这些企业通常拥有创新的技术、独特的商业模式或广阔的市场前景，是金融机构理想的信贷对象。金融机构在提供融资支持时，会综合考虑企业的发展前景、技术实力、市场竞争力等因素。对于符合产业发展方向、具有创新能力和成长潜力的中小微企业，金融机构会给予更多的信贷资源和优惠政策。这不仅缓解了中小微企业的融资难题，还为企业提供了持续发展的动力。例如，针对新兴产业的发展特点，金融机构推出了知识产权质押贷款、应收账款融资等创新产品，为中小微企业提供了更多的融资选择。

3. 产业升级和转型带来的融资新机遇

产业升级和转型为中小微企业融资带来了新的机遇。首先，随着新兴产业的快速发展，中小微企业可以依托产业趋势和政策支持，积极寻求外部融资，扩大生产规模，提升市场竞争力。其次，金融机构对新兴产业的青睐也为中小微企业提供了更多的融资机会。企业可以通过与金融机构建立紧密的合作关系，获得更多的信贷资源和优惠政策。最后，产业升级和转型还推动了金融市场的创新和发展。越来越多的金融机构开始关注中小微企业的融资需求，推出了一系列创新金融产品和服务，为企业提供了更多的融资选择。在产业升级和转型的大背景下，中小微企业需要紧跟时代步伐，加强自身技术创新和商业模式创新。同时，企业还应积极了解金融政策和市场动态，主动与金融机构建立合作关系，争取获得更多的融资支持。

（四）区域合作与协同发展

1. 充分利用周边资源与市场优势

贵州与四川、云南、广西等省区接壤，这些地区都有各自独特的资源和市场优势。四川的科技研发能力、云南的矿产资源和特色农产品、广西的制造业等，都为贵州的中小微企业提供了合作机会。在区域合作的大背景下，贵州的中小微企业可以更加便捷地与周边省份的企业进行业务往来和资源整合。例如，专注于特色农产品深加工的贵州企业，可以与云南的农产品供应商建立长期合作关系，确保原材料的稳定供应，并通过合作开发新产品，共同开拓市场。此外，贵州的中小微企业还可以利用周边地区的金融市场进行融资。如成都、重庆等城市的金融市场相对成熟，金融机构众多，为贵州企业提供了更多的融资选择。通过与这些地区的金融机构建立合作关系，贵州企业可以获得更为便捷和低成本的融资服务。

2. 拓展业务领域与融资渠道

区域合作不仅为贵州的中小微企业带来了资源和市场，还为其拓展了业务领域。随着交通网络的不断完善和信息技术的快速发展，贵州企业可以更加容易地进入周边省份的市场，开展跨地区的业务合作。在融资方面，区域合作也为贵州企业带来了更多的机遇。除了传统的银行贷款，企业还可以通过股权融资、债券发行、资产证券化等多种方式进行融资。特别是在新兴的金融科技领域，如众筹、P2P借贷等，为贵州的中小微企业提供了更加灵活和高效的融资。此外，随着国家对西部地区的大力扶持和优惠政策的实施，贵州的中小微企业还可以争取到更多的政府补贴和专项资金支持。这些资金不仅可以用于企业的研发创新、市场拓展等，还可以作为企业的运营资金，缓解其融资压力。

3. 区域协同发展为中小微企业融资带来的新机遇

区域协同发展不仅促进了各地经济的互补与共赢，还为中小微企业的融资带来了新的机遇。在协同发展的框架下，各地政府会出台一系列的政策措施，以推动区域内的产业升级和经济增长。这些措施往往包括税收优惠、土地供应优惠、融资支持等。对于贵州的中小微企业来说，这些政策措施无疑是一大利好。企业可以根据自身的业务需求和发展规划，选择适合的融资方式和优惠政策。例如，科技创新型企业可以申请政府设立的创新基金或科技贷款；环保节能型企业可以申请绿色信贷或环保专项资金支持。同时，区域协同发展还推动了金融服务的创新和升级。为了满足区域内中小微企业的多样化融资需求，金融机构会不断推出新的金融产品和服务。这些创新产品和服务不仅降低了企业的融资成本，还提高了融资的效率和便捷性。

第三节　贵州中小微企业融资的法律与政策环境

一、法律法规支持

（一）国家层面法律法规

1.《中华人民共和国中小企业促进法》与中小企业发展的全方位保障

《中华人民共和国中小企业促进法》为中小企业的发展提供了全方位的法律保障，明确了政府对中小企业发展的支持政策。在财政、税收、融资等方面，该法规定了一系列的优惠措施，旨在降低中小微企业的经营成本，提高其市场竞争力。具体来说，在财政方面，政府设立了专项资金，用于支持中小企业的技术创新、市场开拓等活动。这些资金可以直接投入企业中，也可以以贷款贴息、担保费补贴等形式提供支持。在税收方面，中小企业可以享受一系列的税收优惠政策，如减免税、延期纳税等，从而减轻企业的税收负担。在融资方面，政府鼓励金融机构加大对中小企业的信贷支持力度，推动建立多层次、多元化的中小企业融资服务体系。此外，《中华人民共和国中小企业促进法》还强调了政府在促进中小企业发展中的责任和作用。政府应当加强对中小企业的扶持和引导，完善中小企业服务体系，提高中小企业的整体素质和竞争力。同时，政府还应当加强对中小企业的监管和保护，维护中小企业的合法权益。

2. 贵州地方政府对中小微企业融资的进一步支持

为了缓解中小微企业融资难的问题，贵州省政府设立了中小微企业融资担保基金。该基金旨在为中小微企业提供融资担保服务，降低金融机构的贷款风险，提高中小微企业的融资成功率。贵州省政府鼓励金融机构针对中小微企业的特点创新金融产品和服务。例如，推出供应链金融、应收账款融资等新型融资方式，满足中小微企业的多样化融资需求。同时，政府还推动金融机构简化贷款审批流程、降低贷款门槛等，提高中小微企业的融资便利性。贵州省政府注重中小微企业融资服务平台的建设，并通过搭建线上线下的融资服务平台，为中小微企业提供政策咨询、融资对接等一站式服务。

（二）地方性法规及政策

1.《关于进一步支持中小微企业发展的若干政策措施》与全方位支持

贵州省政府发布了《关于进一步支持中小微企业发展的若干政策措施》，明确了在财税、融资、创新、市场开拓等方面对中小微企业的具体支持措施，为这些企业提供了实实在在的帮助。在财税方面，采取了一系列减免税费的措施，以降低中小微企业的经营成本。例如，对符合条件的小微企业暂免征收部分税种，同时提高起征点，使更多的中小微企业能够享受到税收优惠。

此外，政府还设立了中小微企业发展专项资金，用于支持企业的技术创新、市场开拓等活动。在融资方面，政策鼓励金融机构加大对中小微企业的信贷支持力度。通过政府引导基金、贷款贴息等方式，降低中小微企业的融资成本。同时，政府还推动建立多层次、多元化的中小企业融资服务体系，为企业提供更加便捷的融资渠道。在创新和市场开拓方面，政策鼓励中小微企业进行技术创新和产品升级。通过设立创新基金、提供技术支持等方式，帮助企业提高自主创新能力。同时，政府还积极组织企业参加国内外展览、推广活动等，帮助企业开拓市场，提高产品的知名度和竞争力。

2.《贵州省金融支持实体经济发展指导意见》与金融创新

为了进一步优化金融服务，满足中小微企业的多样化融资需求，贵州省出台了《贵州省金融支持实体经济发展指导意见》，旨在通过金融创新和优化金融服务，为中小微企业提供更加便捷、高效的融资服务。首先，政策鼓励金融机构进行产品创新。针对中小微企业的特点，推出了一系列新型的金融产品和服务，如供应链金融、应收账款融资等。其次，政策优化了金融服务流程。金融机构简化了贷款审批流程，缩短了审批时间，使中小微企业能够更快速地获得资金支持。同时，政府还推动了金融科技的应用，通过大数据、人工智能等技术手段提高金融服务的智能化水平。最后，政府搭建了金融服务平台，组织金融机构和企业进行对接，促进了资金供需双方的有效匹配。这种对接不仅提高了融资成功率，还降低了企业的搜寻成本和交易成本。

二、政策扶持与引导

（一）财政资金支持

1. 设立中小微企业发展专项资金，全方位支持企业发展

贵州省政府设立的中小微企业发展专项资金，是专门为支持中小微企业的技术创新、市场开拓、品牌建设等而划拨的。这笔资金的设立，充分体现了政府对中小微企业发展的高度重视和大力支持。专项资金首先被用于支持中小微企业的技术创新。技术创新是企业发展的核心动力，也是提升其市场

竞争力的关键。然而,技术创新需要投入大量的人力、物力和财力,这对于资金短缺的中小微企业来说是一个巨大的挑战。其次,专项资金还被用于支持中小微企业的市场开拓。市场开拓是企业发展的重要环节,也是扩大市场份额、提高品牌知名度的关键。然而,市场开拓需要大量的资金投入,比如市场调研、广告宣传、渠道建设等方面的费用。贵州省政府通过专项资金的支持,帮助中小微企业解决市场开拓过程中的资金问题,提高企业的市场占有率和盈利能力。最后,专项资金还用于支持中小微企业的品牌建设。品牌是企业的重要资产,也是提升企业形象、增强客户忠诚度的关键。贵州省政府通过专项资金的支持,鼓励中小微企业注重品牌建设,提升企业的品牌形象和知名度,从而提高企业的市场竞争力。

2. 通过财政贴息降低中小微企业的融资成本

除了设立专项资金,贵州省政府还通过财政贴息降低中小微企业的融资成本。对于中小微企业来说,融资难、融资贵一直是制约其发展的重要因素。中小微企业规模较小、信用等级较低,往往难以获得低成本的融资。财政贴息不仅有助于缓解中小微企业的资金压力,还可以促进其快速发展。

3. 以奖代补激励中小微企业融资与发展

为了进一步激励中小微企业的融资与发展,贵州省政府还采取了以奖代补的政策。这种政策是指政府根据中小微企业的融资情况、发展成果等给予一定的奖励或补贴,以激励企业积极融资、加快发展。以奖代补政策可以有效激发中小微企业的融资积极性,鼓励企业积极寻求新的融资渠道和方式,提高企业的融资能力和发展速度。此外,以奖代补政策还可以促进中小微企业的创新发展。政府可以根据企业在技术创新、市场开拓、品牌建设等方面的成果给予奖励或补贴,激励企业加大创新投入、提高创新能力。这不仅有助于推动中小微企业的技术进步和产业升级,还可以提高企业的市场竞争力和盈利能力。

(二) 税收优惠政策

1. 暂免征收部分税种:实质性的税收减免

贵州省政府对符合条件的小微企业实施了暂免征收部分税种的政策。这一政策对于正处于初创期或成长期的中小微企业来说，无疑是一场"及时雨"。它能够直接减轻企业的税收负担，让企业将更多的资金用于研发、市场拓展和品牌建设等关键环节，从而提升企业的核心竞争力和市场占有率。具体来说，暂免征收的税种包括企业所得税、增值税等，这些都是中小微企业日常运营中需要缴纳的重要税种。这种实质性的税收减免可以让企业更加专注于自身的核心业务，而不用过多地担心税务问题，这对于企业的长远发展是非常有利的。

2. 提高起征点：让更多的中小微企业受益

除了暂免征收部分税种，贵州省政府还以提高起征点的方式，进一步减轻了中小微企业的税收负担。起征点是税法规定的开始征税的最低界限，如果纳税人的收入未达到起征点，就不需要缴纳税款。通过提高起征点，政府可以让更多的中小微企业免于缴税，从而降低其运营成本。这一政策的实施，对于处于创业初期或者规模较小的中小微企业来说，具有非常重要的意义。这些企业往往因为规模较小、收入有限，而难以承担过重的税收负担。提高起征点，可以让这些企业在初创阶段得到更多的资金支持，有助于其稳步发展和壮大。同时，这也有助于激发社会创业热情，推动经济的持续发展和创新。

3. 降低运营成本：为中小微企业融资提供更多空间

贵州省政府实施的税收优惠政策，不仅直接减轻了中小微企业的税收负担，还间接地降低了企业的运营成本。税收是企业运营成本的重要组成部分，减少税收支出就意味着增加了企业的可支配资金。这些资金可以用于企业的研发创新、市场开拓、人才引进等方面，从而提升企业的整体竞争力。特别是对于中小微企业来说，融资难一直是其发展的瓶颈。税收优惠政策的实施，为这些企业融资提供了更多的空间。一方面，通过减轻税收负担，企业可以节省出一部分资金用于自身的经营；另一方面，税收优惠也可以作为企业的一种"信用背书"，提高其信用等级，从而更容易获得融资支持。

（三）融资担保体系建设

1. 政府出资设立或参股融资担保机构

贵州省政府深知中小微企业的融资难问题，决定通过出资设立或参股融资担保机构的方式，为企业提供更加稳健的融资环境。这些融资担保机构以政府信用为背书，具有较强的资金实力和信用评级，能够为中小微企业提供更为可靠的担保服务。具体来说，政府设立的融资担保机构会根据企业的实际情况和需求，提供不同形式的担保服务，如流动资金贷款担保、项目融资担保等。这些担保服务不仅覆盖了企业运营过程中的各种融资需求，还能够有效降低银行等金融机构的贷款风险，促使其更加积极地为中小微企业提供贷款支持。此外，政府参股融资担保机构还意味着这些机构在运营过程中需要遵循更为严格的监管要求和风险控制标准。这有助于提升整个融资担保行业的规范性和透明度，进一步增强金融机构对中小微企业的信心。

2. 有效缓解中小微企业融资难问题

中小微企业在融资过程中往往因为缺乏足够的抵押物或信用记录而难以获得金融机构的贷款支持。这一问题在贵州省尤为突出，因为许多中小微企业都是新兴企业或者处于初创阶段，其资产规模和信用记录都难以满足传统金融机构的贷款要求。然而，政府出资设立或参股的融资担保机构的介入，使这一问题得到了有效缓解。这些机构以政府信用，为中小微企业提供融资担保服务，从而降低了金融机构的贷款风险。此外，融资担保机构还会根据企业的实际情况和需求，为其提供定制化的融资解决方案。这不仅有助于满足中小微企业多样化的融资需求，还能够进一步提高其融资效率和成功率。这些服务有效缓解了中小微企业的融资难问题。

3. 推动中小微企业健康发展

贵州省积极推动融资担保体系建设的最终目的是推动中小微企业健康发展。通过提供融资担保服务，政府不仅帮助这些企业解决了融资难的问题，还为其创造了更为良好的发展环境。首先，融资担保服务为中小微企业提供了更多的资金来源和融资渠道，使这些企业有足够的资金进行研发创新、市场开拓和品牌建设等活动，从而提升自身的核心竞争力和市场占有率。其次，政府出资设立或参股的融资担保机构在提供担保服务的同时，还会为企业提供一系列的增值服务。这些服务包括但不限于财务咨询、法律咨询以及市场分析等，有助于中小微企业提升管理水平和运营效率。最后，通过融资担保体系建设，贵州省政府还向外界传递了一个积极的信号·政府高度重视中小微企业的发展，并愿意为其提供全方位的支持和服务。这有助于增强投资者和金融机构对中小微企业的信心，进一步促进其健康发展。

（四）创新金融支持方式

1. 鼓励金融机构创新金融产品与服务

随着市场经济的不断发展，中小微企业的融资需求也日益多样化，传统的贷款方式往往难以满足。为了解决这个问题，贵州省政府采取了一系列措施，鼓励金融机构进行金融创新，开发更多符合中小微企业融资需求的金融产品和服务。这些创新包括但不限于推出更具灵活性的贷款产品，优化贷款审批流程，降低贷款门槛，以及提供更加个性化的融资咨询服务。通过这些创新，金融机构能够更准确地把握中小微企业的融资痛点，提供量身定制的解决方案，从而实现资金的高效利用和企业的快速发展。

2. 推出供应链金融等新型融资方式

供应链金融是一种将核心企业与其上下游企业联系在一起的融资模式。贵州省积极推动金融机构开展供应链金融业务，通过核心企业的信用传递，为中小微企业提供融资支持。在这种模式下，金融机构会依据核心企业的信用状况和供应链的整体运营情况，为供应链上的中小微企业提供贷款或其他金融服务。这种方式不仅降低了中小微企业的融资门槛，还提高了融资效率，使资金能够更快地流转到需要的企业手中。同时，供应链金融还有助于加强供应链上各企业之间的紧密合作，提升整个供应链的竞争力和稳定性。通过共享信息、共担风险，核心企业与中小微企业能够共同应对市场变化，实现互利共赢。

3. 应收账款融资为中小微企业开辟新路径

应收账款融资是另一种被贵州省大力推广的新型融资方式。在这种方式下，中小微企业可以将其应收账款作为抵押物或转让标的，从金融机构获得贷款或其他形式的融资支持。这种融资方式的优点在于，它能够将中小微企业的应收账款转化为流动资金，从而缓解企业的资金压力，提高其运营效率和市场竞争力。同时，由于应收账款融资依赖于企业的实际业务情况和信用状况，更加贴近中小微企业的实际需求，能够提供更加精准的金融支持。为了推动应收账款融资的发展，贵州省政府还出台了一系列配套政策和措施。例如，完善应收账款登记和转让制度，提高应收账款的流动性和可融资性；加强对应收账款融资的监管和风险防控，保障金融市场的稳定和健康发展。

三、金融市场环境

（一）金融机构布局与完善

1. 引进和培育多元化金融机构

贵州省近年来大力引进和培育了多家银行、保险公司、证券公司等金融机构。这些金融机构的入驻，不仅丰富了贵州省的金融生态，也为中小微企业提供了更多的融资渠道。过去，中小微企业往往因为规模较小、抵押物不足等问题，难以从传统的大型金融机构获得融资。而现在，这些企业可以根据自己的实际情况和需求，选择合适的金融机构进行融资。例如，一些专门服务中小微企业的银行，它们更加了解中小微企业的经营特点和融资需求，能够提供更加贴合实际、灵活多样的融资产品和服务。此外，保险和证券机构的加入，也为中小微企业提供了更多的选择，进一步拓宽了企业的融资渠道。

2. 积极推动地方金融组织的发展

除了引进和培育大型金融机构，贵州省还积极推动地方金融组织发展，如小额贷款公司、融资担保公司等。这些组织在服务中小微企业方面具有独特的优势。它们通常更加贴近地方市场，了解当地企业的经营状况和融资需求，能够提供更加接地气的金融服务。小额贷款公司作为传统银行体系的补充，为那些难以从大型银行获得贷款的小微企业和个体工商户提供了资金支持。它们的贷款审批流程相对简单，放款速度较快，非常适合中小微企业的短期融资需求。而融资担保公司则为中小微企业提供了信用担保服务，增强了企业的信用评级，有助于其从金融机构获得更多的融资。

3. 补充传统金融机构的服务空白

贵州省通过完善金融机构布局，不仅拓宽了中小微企业的融资渠道，还在一定程度上填补了传统金融机构的服务空白。这些新兴的金融机构和服务组织通常专注于中小微企业市场，能够提供精细化、个性化的金融服务。它们不仅降低了中小微企业的融资门槛，还提高了融资效率和服务质量。这对于促进中小微企业的发展、推动地方经济的繁荣具有非常重要的意义。

（二）金融基础设施建设

1. 加强支付清算体系建设

支付清算体系是金融市场的核心基础设施之一，对于提高资金流转效率、降低交易成本具有重要意义。近年来，贵州省在支付清算体系建设方面取得了显著进展。通过引进先进的支付技术，优化支付流程，不仅提升了支付的便捷性和安全性，还大大降低了中小微企业的融资成本和时间成本。例如，贵州省普及了电子支付、移动支付等新型支付方式，使中小微企业能够更加高效地进行资金收付。此外，通过加强与各大银行、支付机构的合作，贵州省还建立起了完善的清算网络，确保了资金流转的顺畅性和及时性。这些举措极大地提高了中小微企业的资金利用效率，为其日常经营和业务拓展提供了有力支持。

2. 完善征信体系建设

征信体系是评价企业信用状况的重要依据，对于中小微企业来说尤为重要。贵州省高度重视征信体系的建设，通过建立完善的征信系统，收集、整理和分析企业的信用信息，为金融机构提供全面、准确的信用评估服务。这一体系的建立，大大提高了中小微企业的信用透明度。金融机构可以更加便捷地获取企业的信用信息，从而更加准确地评估其融资风险。这不仅有助于降低金融机构的信贷风险，还为中小微企业提供了更多的融资机会。在完善的征信体系支持下，中小微企业的融资难问题得到了缓解，融资效率和成功率也显著提升。

3. 提升金融服务质量与效率

随着金融基础设施的不断完善，贵州省的金融服务质量和效率也显著提升。金融机构能够借助先进的支付清算系统和征信体系，为中小微企业提供更加高效、便捷的金融服务。这不仅体现在融资服务的快速响应和高效处理上，还体现在金融产品的创新和个性化服务上。例如，金融机构可以根据中小微企业的实际需求和信用状况，定制个性化的融资方案，提供更加灵活的贷款期限和还款方式。此外，贵州省还积极推动金融科技的发展和应用，通过大数据、云计算等先进技术提升金融服务的智能化水平。这使金融机构能够更加精准地分析中小微企业的经营状况和融资需求，提供更加精准的金融服务解决方案。

（三）金融市场监管与风险防范

1. 严厉打击非法金融活动和金融欺诈行为

贵州省对金融市场中的非法金融活动和金融欺诈行为持零容忍态度。为了维护金融市场的公平与正义，贵州省相关部门积极开展专项整治行动，对涉嫌非法集资、高利贷、地下钱庄等活动进行严厉打击。这些行动有效地遏制了非法金融活动的蔓延，保护了广大投资者的合法权益，也为中小微企业营造了一个公平竞争的融资环境。在打击金融欺诈行为方面，贵州省加强了对金融机构的监管和审计，确保金融业务的透明度和合规性。一旦发现金融欺诈行为，相关部门会迅速介入调查，并依法对涉案人员进行严厉惩处。这些举措有效地净化了金融市场环境，提升了中小微企业对金融市场的信心。

2. 建立完善的风险防范和处置机制

为了确保金融市场平稳运行，贵州省建立了一套完善的风险防范和处置机制。这套机制包括风险评估、风险预警、风险应对等，旨在及时发现和解决金融市场中的风险隐患。在风险防范方面，贵州省加强了对金融机构的日常监管和定期评估，确保其业务运营符合相关法规和政策要求。同时，通过建立风险预警系统，实时监测金融市场的动态变化，一旦发现异常情况，立即启动应急预案进行处置。在风险处置方面，贵州省建立了快速响应机制，确保在发生金融风险事件时能够迅速介入并采取措施。此外，贵川省还加强了与相关部门和机构的沟通协调，共同应对金融风险挑战。

3. 营造安全稳定的融资环境

通过加强金融监管和建立完善的风险防范与处置机制，贵州省为中小微企业营造了一个安全、稳定的融资环境。在这个环境中，中小微企业可以放心地进行融资活动，不用担心受到非法金融活动和金融欺诈的侵害。金融机构可以更加深入地了解中小微企业的经营状况和融资需求，为其提供定制化的金融产品和服务。此外，贵州省还加大了金融知识的普及和宣传教育力度，提高中小微企业的金融素养和风险防范意识。这有助于中小微企业更好地识别和规避金融风险，确保其融资活动的顺利进行。

第七章　贵州中小微企业融资的内部环境分析

第一节　企业自身素质与信用状况

一、贵州中小微企业自身素质

（一）管理能力

在贵州，中小微企业是地方经济的重要支柱，为经济增长和就业市场注入了活力。然而，这些企业在发展过程中面临着种种挑战，其中管理能力不足的问题尤为突出。中小微企业在管理能力上的短板，成为制约其进一步发展的关键因素。中小微企业的管理能力问题主要体现在缺乏科学的管理体系和专业的管理团队上。许多企业，尤其是初创企业或家族企业，往往依赖于传统的家族式或经验式管理。这种管理方式在初创期或许能够满足企业需求，但随着企业规模的扩大和市场竞争的加剧，其局限性愈加明显。家族式管理往往导致决策权高度集中，缺乏科学的决策机制和透明度。这可能会引发内部矛盾，影响团队协作和员工士气。同时，经验式管理因过于依赖个别领导者的经验和直觉，缺乏系统性和可持续性。一旦企业面临新的市场环境或挑战，这种管理方式可能难以应对。此外，中小微企业往往缺乏专业的管理团队。许多企业的管理者可能身兼数职，既要负责销售，又要管理生产，还要处理行政事务。这种分散的管理方式不仅影响工作效率，还可能导致对关键领域的忽视。同时，由于缺乏专业的管理知识，这些管理者可能难以制定出科学有效的管理策略。中小微企业管理能力的不足还体现在对市场变化的反应速度上。由于缺乏系统的市场分析和预测机制，这些企业往往难以及时捕捉到市场机遇，也无法有效应对潜在的风险。在市场环境日新月异的今天，这种滞后性可能会让企业错失良机，甚至面临生存危机。

（二）技术创新能力

贵州中小微企业作为地方经济的重要组成部分，其技术创新能力的强弱直接关系到企业的核心竞争力和未来发展潜力。然而，就当前情况来看，贵州的中小微企业在技术创新能力方面还存在明显的短板，这无疑制约了它们的长远发展。首先，技术创新能力不足，这表现在新产品开发的速度上。许多中小微企业由于资金、人才和技术储备等方面的限制，往往难以迅速响应市场变化，推出符合消费者需求的新产品。这不仅影响了企业的市场竞争力，也限制了其拓展新市场的机会。新产品的开发周期长，意味着企业在市场变化面前反应迟钝，容易错失商机。其次，中小微企业的产品科技含量普遍不高。这与企业研发投入不足、技术更新缓慢以及缺乏与高校、科研机构的合作密切相关。产品的科技含量直接影响了其附加值和市场竞争力，使企业在激烈的市场竞争中处于不利地位。最后，市场竞争力不强也是技术创新能力弱的一个直接体现。由于产品差异化不明显，中小微企业在市场上往往难以与大型企业或国际品牌抗衡。这种竞争力的缺失，不仅限制了企业的市场份额和利润空间，也影响了其品牌建设和市场知名度。技术创新能力的不足，对中小微企业的长远发展构成了严重威胁。在知识经济时代，技术创新是企业获取竞争优势、实现可持续发展的关键。因此，提升技术创新能力成为贵州中小微企业亟待解决的问题。

（三）市场开拓能力

品牌知名度不高是中小微企业在市场开拓中面临的首要问题。与大企业相比，中小微企业往往缺乏足够的品牌历史和积淀，难以在消费者心中形成深刻的品牌印象。在商品琳琅满目的今天，品牌知名度的高低直接影响着消费者的购买决策。中小微企业由于品牌知名度不高，往往难以吸引消费者的注意，在市场竞争中处于劣势。营销手段的有限性也是中小微企业市场开拓过程中的一个难题。许多中小微企业由于缺乏专业的营销团队和营销策略，只能采用传统的营销方式，如发传单、打广告等。在当今数字化、网络化的营销环境下，这种传统的营销方式显得力不从心。与此同时，中小微企业往往缺乏足够的资金和资源去尝试更为先进和高效的营销策略，如社交媒体营销、内容营销等。资金短缺是中小微企业在市场开拓过程中面临的另一大挑战。市场调研、品牌推广、渠道建设等往往需要大量的资金投入。然而，中小微企业由于规模较小、盈利能力有限，难以承担这些开支。资金的匮乏不仅限制了中小微企业在市场开拓上的投入，也影响了其长期的战略规划和布局。此外，对市场调研不足也是中小微企业中普遍存在的一个问题。市场调研是了解市场需求、竞争对手以及消费者行为的重要途径，对于制定有效的市场开拓策略至关重要。然而，许多中小微企业由于缺乏专业的市场调研团队和工具，往往难以获取准确的市场信息，许多企业在市场开拓过程中处于盲目状态，无法精准地把握市场机会和消费者需求。

（四）人才培养与引进

人才，作为企业发展的核心资源，其重要性不言而喻，但在实际操作中，中小微企业往往难以有效地进行人才的培养和引进。首先，企业内部的人才培养机制存在明显不足。许多中小微企业没有建立起完善的人才培养体系，员工的专业技能和职业素养难以得到有效提升。这不仅限制了员工的个人发展空间，也影响了企业的整体竞争力。同时，由于缺乏明确的晋升通道和激励机制，员工往往没有进一步提升自己的动力，甚至可能出现人才流失的情况。其次，从外部引进人才也面临诸多困难。贵州地处西南内陆，与东部沿海发达地区相比，其地理位置较偏，经济发展水平较低，难以吸引外部优秀人才。

二、贵州中小微企业信用状况

（一）信用意识逐步增强

随着市场经济体制改革的不断深入，中小微企业作为市场的重要参与者，其经营行为和理念也在发生着变化。其中很重要的一点是信用意识的逐步增强。这一转变，既是市场经济发展的必然结果，也是法制建设日益完善的体现。在过去，一些中小微企业可能对信用建设不够重视，甚至存在一些不良的商业行为。但随着市场竞争的加剧和消费者需求的日益多样化，企业逐渐认识到，要想在激烈的市场竞争中站稳脚跟，必须赢得消费者的信任和支持。近年来，贵州的中小微企业在信用建设上不断发力。许多企业不仅在日常经营中注重诚信，还积极参与各类信用评级活动，以期通过第三方评价来证明自己的信用水平。一些先进的企业甚至设立了专门的信用管理部门，负责监控和改进企业的信用状况。企业信用意识的增强，不仅提升了其市场竞争力，还带来了更多的融资机会。在金融市场日益开放的今天，信用评级和信誉度已经成为投资者和金融机构评估投资风险的重要依据。一个信用良好的企业，往往更容易获得投资者的青睐和金融机构的支持，从而获得更多的发展资金和资源。此外，企业信用意识的增强还有助于构建和谐的商业环境。在贵州，中小微企业是经济的重要组成部分，它们之间的商业往来和合作日益频繁。一个注重信用的企业，必然会在商业合作中展现出更高的责任感和合作精神，从而促进整个商业生态系统的健康发展。当然，信用意识的提升并非一蹴而就的。它需要企业在日常经营中持续不断地努力和实践。同时，政府和社会各界也应给予积极的引导和支持，共同营造一个注重信用、公平竞争的市场环境。

（二）信用体系建设不断完善

近年来，贵州省在推动中小微企业发展上取得了一定成就，其中，信用体系建设的不断完善尤为引人瞩目。中小微企业作为市场经济的主体，其信用状况直接影响到市场秩序、融资环境和经济发展。因此，贵州省政府及相关部门高度重视中小微企业的信用体系建设，并采取了一系列措施，致力于打造一个公开、透明、高效的信用环境。

国务院自颁布《社会信用体系建设规划纲要（2014—2020年）》以来，各地政府为推动全社会信用信息的共享与应用，积极投入信用体系建设中来，贵州省为了加强信用信息的共享与交流，建立了信用信息共享平台。这一平台汇集了众多中小微企业的信用信息，包括企业经营状况、合同履行情况、信贷记录等，为金融机构、投资者以及合作伙伴提供了一个全面了解企业信用的窗口。通过这一平台，各方可以更加准确地评估企业的信用风险，进而做出更为明智的决策。除了建立信息共享平台，贵州省还致力于完善信用评价机制。传统的信用评价往往侧重于企业的财务数据，而忽视了其他非财务因素。现在，贵州省的信用评价更加综合全面，不仅考虑企业的财务状况，还纳入了企业的社会责任、环保行为、市场口碑等多个维度。这样的评价机制更能真实反映企业的整体信用状况，为市场提供更加准确的信用信号。信用体系建设的不断完善，带来了显著的市场效益。一方面，它降低了信息不对称的风险。过去，由于缺乏有效的信用信息共享机制，金融机构和投资者在评估企业时往往面临信息不对称的问题。现在，通过信用信息共享平台和完善的信用评价机制，这一问题得到了缓解。另一方面，信用体系建设的完善也显著增强了中小微企业的融资能力和市场竞争力。有了更加透明的信用信息，金融机构在提供贷款时能够更准确地评估风险，从而更愿意为信用良好的企业提供融资支持。这不仅缓解了中小微企业的融资难题，还进一步激发了它们的市场活力。

（三）仍存在信用风险

近年来，贵州省的中小微企业在整体经济环境中逐渐崭露头角，成为推动地方经济增长的重要力量。然而，信用风险也是一个不容忽视的问题。尽管中小微企业的整体信用状况在持续改善，但部分企业仍然面临着管理不善、经营困难等挑战，这些问题有可能引发违约行为，进而损害企业的信誉并给合作伙伴与投资者带来潜在风险。中小微企业的管理水平和经营能力参差不齐，部分企业在面对市场波动和经营压力时，可能因为资金链断裂、订单减少或管理失误等，无法按时履行合同义务或偿还贷款。这种违约行为不仅会影响企业的声誉和未来的商业合作机会，还可能使投资者和合作伙伴蒙受经济损失，甚至引发连锁反应，对整体经济环境造成不良影响。

第二节　抵押与担保能力

一、抵押能力分析

（一）抵押物

1. 抵押物种类与价值

在贵州，像其他许多地方一样，中小微企业的贷款抵押物主要包括房产、土地和机器设备等固定资产。这些资产的市场价值直接关系到企业能从银行获得的贷款额度。房产是最常见的抵押物之一。在评估房产抵押能力时，银行会考虑房产的地理位置、建筑年代、结构类型、面积大小以及周边配套设施等。一般来说，位于繁华商业区或城市中心地带的房产，其价值会相对较高，能为企业提供更高的抵押额度。土地作为另一种重要的抵押物，其价值主要取决于地段、用途、面积和发展潜力。比如，一块位于城市核心区域、具备商业开发潜力的土地，其价值必然远高于偏远地区或农业用地。对于制造业或技术型企业，机器设备往往是其主要的抵押物。设备的品牌、型号、使用年限、维护状况等都会影响其价值评估。先进的、维护良好的设备显然具有更高的抵押价值。

2. 抵押物的市场价值与流动性

抵押物的市场价值和流动性也是银行考虑的重要因素。市场价值直接关系到企业能获得多少贷款，而流动性则关系到银行在必要时能否迅速变现抵押物以收回贷款。抵押物的市场价值通常由专业的评估机构来确定。这个价值不仅反映了抵押物的当前售价，还考虑了其未来可能的增值空间。市场价值高的抵押物，自然能为企业提供更多的资金支持。流动性指的是抵押物能迅速、低成本地转换为现金的能力。一般来说，房产和土地的流动性相对较低，因为它们需要较长的时间和较高的成本才能变现。而一些高价值的机器设备，特别是那些在行业内有广泛需求的设备，其流动性可能会更高。

3. 抵押率与贷款额度

抵押率是贷款金额与抵押物价值的比例，这一比例通常由银行根据抵押物的类型、价值、流动性以及借款人的信用记录等因素综合确定。抵押率的高低直接影响到企业能从银行获得的贷款额度。比如，如果抵押率是50%，那么企业能获得的贷款额度就是抵押物评估价值的50%。因此，提高抵押率就意味着企业能获得更多的资金支持。银行在确定贷款额度时，会综合考虑抵押物的价值、抵押率以及企业的还款能力等因素。一般来说，高价值的抵押物和较高的抵押率会带来更高的贷款额度。

4. 中小微企业的抵押能力限制

尽管抵押物种类和价值多样，但中小微企业在贷款时仍面临诸多限制，这主要是由于其规模较小，固定资产有限。中小微企业往往没有大量的房产、土地或高价值设备作为抵押，这自然限制了其抵押能力。即使有一些有价值的资产，也可能因为需要用于日常运营而无法抵押。许多中小微企业存在抵押物产权不明晰的问题。例如，一些房产或土地可能没有完整的产权证明，或者存在法律纠纷，这都会影响到其作为抵押物的有效性。除了产权问题，手续不全也是中小微企业面临的另一个难题。一些企业可能因为历史原因或管理不善，相关资产的手续不齐全，从而无法作为合格的抵押物。

（二）抵押物变现能力

1. 抵押物的流动性和市场需求

除了抵押物的价值，其变现能力，即流动性，也是评估抵押能力的重要考量因素。金融机构在提供贷款时，不仅会关注抵押物的当前价值，更会考虑在出现违约情况时，能否通过处置抵押物来及时收回贷款，以减少潜在的损失。在贵州，由于经济发展水平的影响，抵押物的流动性和市场需求呈现出一定的地域性特征。例如，某些特定行业的机器设备，可能在当地具有较高的使用价值，一旦企业出现违约情况，这些设备可能因地域限制和市场需求有限而难以快速变现。这就要求金融机构在评估抵押物时，更加深入地了解当地市场和行业动态，以确保抵押物的流动性。此外，抵押物的处置成本也是影响变现能力的重要因素。一些抵押物可能由于特殊性质或法律规定，需要较高的处置成本，这会在一定程度上削弱其作为抵押物的吸引力。因此，金融机构在选择抵押物时，需要综合考虑其价值、流动性以及处置成本等多方面因素。

2. 抵押物权属明晰与手续完备的重要性

对于中小微企业来说，除了抵押物的种类和价值，抵押物的权属问题和手续是否完备也是影响其抵押能力的重要因素。在实际操作中，一些中小微企业可能存在抵押物产权不明晰、手续不全等问题，这不仅会削弱其抵押能力，还可能引发潜在的法律纠纷。特别是在贵州这样的地区，历史原因和地域特性使一些企业的产权问题更为复杂。因此，金融机构在评估抵押物时，需要特别关注其权属证明和相关手续是否完备。对于权属不明晰或手续不全的抵押物，金融机构可能会要求企业提供更多的法律证明或进行额外的尽职调查，以确保贷款的安全性。总的来说，中小微企业的抵押能力不仅取决于其所拥有的抵押物种类和价值，还受到抵押物流动性、市场需求以及权属等因素的影响。在贵州这样的地域环境下，金融机构需要更加谨慎地评估抵押物，以确保贷款的安全性和有效性。同时，中小微企业也应注重提升自身的管理水平和法律意识，确保抵押物权属明晰和手续完备，从而提高自身的融资能力。此外，中小微企业还需要不断探索和创新，寻找更多元的融资渠道和方式，以缓解融资难、融资贵的问题。例如，可以通过政府支持的融资平台、担保机构或互联网金融等渠道进行融资，同时积极了解并利用政策优惠和扶持措施，降低融资成本。对于政府和相关部门来说，也应加大对中小微企业的支持力度，完善融资环境和政策体系。例如，可以建立健全的信用担保体系，为中小微企业提供信用增进服务；加强金融监管和风险防控机制建设，保障金融市场的稳定和健康发展。

二、担保能力分析

（一）第三方担保

1. 中小微企业的担保挑战

中小微企业在经济发展中占据着举足轻重的地位，然而，这些企业在获取融资时，经常会遇到担保能力的问题。担保是金融机构在提供贷款时，为了降低风险，常要求借款人提供一种保障。对于信用记录不够完善的中小微企业来说，担保问题尤为突出。在贵州地区，中小微企业的信用体系建设尚处于完善阶段，企业的信用记录普遍不够完整。这使金融机构在评估这些企业的信贷风险时，难以获得全面、准确的信息，从而增加了贷款的不确定性。因此，金融机构往往会要求这些企业提供额外的担保措施，以降低潜在的信贷风险。然而，中小微企业在规模、资产和财务状况等方面相对较弱，往往难以提供足够的抵押物或找到合适的第三方担保人。这使他们在获取担保时面临较大的困难，进而影响了他们的融资能力和发展速度。

2. 第三方担保的重要性与作用

第三方担保在中小微企业融资过程中起着举足轻重的作用。由于中小微企业自身信用记录的不足，金融机构在提供贷款时往往会寻求额外的风险保障措施。此时，第三方担保便成了一种有效的风险分担机制。第三方担保通常包括其他企业、担保公司或政府机构的担保。这些担保方在提供担保前，会对被担保企业的信用状况、经营状况以及还款能力等进行全面的评估。一旦借款人违约，担保方将承担相应的还款责任，从而降低金融机构的信贷风险。在贵州，尽管中小微企业的信用记录普遍不够完善，但一些政府机构或担保公司为了支持这些企业的发展，仍然会提供一定的担保服务。这些担保服务不仅有助于提升中小微企业的信用等级，还能降低他们的融资成本，促进这些企业的快速发展。

3. 政府机构和担保公司的支持措施

为了帮助中小微企业走出担保困境，贵州的政府机构和担保公司采取了一系列措施。通常由财政出资设立一些基金，旨在通过政府信用增信，帮助中小微企业解决融资难题。此外，担保公司也在积极发挥作用。他们通过与金融机构紧密合作，为中小微企业提供专业化的担保服务。这些担保公司通常具有丰富的风险评估和管理经验，能够更准确地评估中小微企业的信贷风险，并提供相应的担保措施。除了直接提供担保服务，政府机构和担保公司还会通过开展信用评级、提供咨询服务等方式，帮助中小微企业提升自身的信用等级和融资能力。这些措施不仅有助于中小微企业更好地满足金融机构的贷款要求，还能促进他们的长期稳定发展。

4. 中小微企业自身能力的提升

当然，除了依靠外部支持，中小微企业自身也需要不断提升能力，以更好地满足担保要求。首先，这些企业需要加强自身的财务管理和信息披露工作，确保财务信息的真实性和透明度。这将有助于金融机构更准确地评估他们的信贷风险，并降低担保要求。中小微企业应积极寻求与大型企业或产业链上下游企业的合作，通过供应链金融等方式提升自身信用等级和融资能力。这种合作模式不仅可以降低中小微企业的融资成本，还能帮助他们拓展业务领域和提升市场竞争力。中小微企业应注重自身创新和品牌建设。通过加大研发投入、提升产品质量和服务水平等方式，打造具有市场竞争力的品牌形象。这将有助于提升企业的整体实力和信誉度，进而降低融资难度和担保要求。

（二）互联互保

1. 互联互保的融资方式及其风险

互联互保作为一种独特的融资方式，在中小微企业融资过程中发挥着重要作用。这种方式允许多家企业相互担保，以集体的信誉和资产为彼此获取贷款提供支持。在一定程度上，互联互保确实降低了单家企业在融资过程中的风险，因为它不再依赖于单一企业的信用状况和还款能力，而是将风险分散到了多家企业。然而，这种融资方式也有潜在风险。互联互保形成了一个紧密的担保链条，在这个链条中，每一家企业的经济状况都直接影响到其他企业的融资条件和风险。一旦链条中的某一家企业出现经营困难或违约情况，其影响会波及整个担保链。这种连锁反应可能导致整个担保体系的崩溃，进而使所有参与互联互保的企业陷入严重的财务危机。

2. 贵州中小微企业互联互保现象的普遍性及其原因

在贵州，中小微企业之间的互联互保现象较为普遍。这主要是由于中小微企业在融资过程中面临着诸多困难，如信用记录不完善、抵押物不足等。互联互保作为一种增强信用的手段，能够在一定程度上帮助企业解决融资难题，因此受到了广泛的应用。然而，贵州的中小微企业在规模、资金实力和抗风险能力等方面相对较弱。这使他们在面对市场波动、经营风险时更为脆弱。一旦某家企业出现经营问题或遭遇市场风险，很容易引发连锁反应，波及整个担保链。此外，贵州地区的中小微企业在互联互保过程中可能缺乏充分的风险评估和防控机制。由于企业管理水平低、财务透明度不足等，这些企业可能难以准确评估彼此的财务状况和还款能力。这增加了互联互保融资方式的风险性，使整个担保链更加脆弱。

3. 贵州中小微企业互联互保的风险防范与应对策略

面对互联互保带来的风险，中小微企业需要采取一系列应对措施。首先，这些企业应提高自身的财务管理水平，确保财务信息的真实性和透明度。这将有助于更准确地评估彼此的财务状况和风险水平，从而降低互联互保过程中的信息不对称风险。中小微企业应加强与金融机构的合作与沟通。通过与金融机构建立良好的合作关系，这些企业可以更加便捷地获取融资支持，并降低互联互保的融资风险。同时，金融机构也可以为这些企业提供专业化的风险评估和管理建议，帮助他们更好地应对潜在风险。此外，政府和相关机构也应加大对中小微企业的支持力度。通过提供政策扶持、财政补贴等优惠措施，降低这些企业的融资成本，提高他们的抗风险能力。同时，政府还可以推动建立完善的信用担保体系，为中小微企业提供更加稳健的融资环境。中小微企业自身也应具有风险防控意识。在参与互联互保时，应充分了解并评估其他参与企业的财务状况和还款能力。同时，建立完善的风险预警和应对机制，以便在风险事件发生时及时采取应对措施，降低损失。

第三节　经营管理与市场竞争力

一、贵州中小微企业的经营管理现状

（一）决策机制不够科学

1. 个人经验与直觉的局限性

决策时依赖个人经验和直觉，具有很大的局限性。企业主的个人经验，虽然宝贵，但往往是基于过去特定情境下的成功经验，不一定适用于当前快速变化的市场环境。此外，直觉虽然可能带来灵感，但缺乏系统性和可预测性，难以作为长期稳定的决策依据。在这种模式下，企业主往往难以跳出自己的认知框架，看到更广阔的市场机会和潜在威胁。这可能导致企业在战略选择上偏于保守，错失发展良机。同时，当市场出现突发事件或重大变化时，缺乏科学决策支持的企业往往反应迟钝，难以及时调整策略应对。

2. 缺乏数据分析和市场调研的支撑

科学的决策机制需要建立在充分的数据分析和市场调研基础之上。然而，在贵州的中小微企业中，往往会忽视这一环节。数据是反映市场真实情况的重要工具，通过对数据的深入挖掘和分析，企业可以更准确地把握市场动态和消费者需求。同样，市场调研也是了解竞争对手、行业趋势和消费者偏好的重要途径。缺乏这些科学工具的支撑，企业的决策很容易陷入盲目和主观。例如，在产品定位上，如果没有充分的市场调研，企业可能无法准确抓住目标消费者的真实需求，导致产品投放市场后反应平淡。在营销策略上，如果没有数据分析的支持，企业可能无法精确评估不同营销渠道的效果，造成资源浪费。

3. 决策失误的风险增加

不科学的决策机制会大大增加决策失误的风险。在家族式或经验式的管理模式下，企业主的个人意志往往凌驾于一切之上，缺乏有效的制衡和纠错机制。一旦企业主的决策出现偏差，很可能导致整个企业的战略方向发生错误，给企业带来巨大的经济损失和品牌影响力损害。这种风险在贵州的中小微企业中尤为突出。这些企业通常规模较小、抗风险能力较弱，一旦决策失误，很可能面临生死存亡的危机。更为严重的是，这种决策失误的风险还可能引发连锁反应，影响到企业的供应链、合作伙伴和客户群体，进而是整个行业。为了降低决策失误的风险，贵州的中小微企业需要尽快建立起科学的决策机制。这包括引入专业的数据分析团队、定期进行市场调研、建立决策咨询委员会等。通过这些措施，企业可以更加客观地评估市场机会和风险，做出更为明智的决策。同时，企业也需要加强内部管理，建立起有效的制衡和纠错机制，防止因个人决策失误而给企业带来不可挽回的损失。

（二）人才瓶颈明显

1. 中小微企业人才吸引的困境

中小微企业在吸引人才方面有着先天不足。首先，与大型企业或跨国公司相比，中小微企业在品牌知名度、薪资待遇和职业发展平台等方面通常处于劣势。这使许多高素质人才在选择工作时更倾向于大公司，从而导致中小微企业在招聘市场上的竞争力相对较弱。此外，贵州的地理位置和经济发展水平也可能对吸引人才产生影响。与一线城市或经济发达地区相比，贵州在吸引全国乃至全球优秀人才方面存在一定的困难。这不仅限制了中小微企业的人才选择范围，也可能影响到企业的创新能力和市场竞争力。

2. 人才流失与归属感缺失

除了难以吸引人才，中小微企业还面临着人才流失的问题。这主要是因为企业内部往往缺乏明确的晋升通道和完善的激励机制。当员工看不到自己在企业内部的职业发展前景，或者感到自己的工作成果没有得到应有的认可时，他们很可能会选择离开。同时，员工归属感的缺失也是导致人才流失的一个重要原因。中小微企业由于规模和管理模式的限制，可能无法像大型企业那样为员工提供丰富的企业文化活动和团队建设机会。这使员工难以形成对企业的深厚感情，从而降低了他们的忠诚度和留任意愿。

3. 解决人才瓶颈的策略

为了突破人才瓶颈，中小微企业需要采取一系列策略来改进人才管理。首先，企业应该建立明确的晋升通道和激励机制，让员工看到自己在企业内部的成长空间和职业发展前景。这不仅可以激发员工的工作积极性，也有助于增强他们的归属感。其次，中小微企业需要加强企业文化建设，通过组织各种团队活动和员工培训，增强员工的凝聚力和忠诚度。同时，企业还可以考虑实施员工持股计划或利润分享机制，让员工成为企业的"主人"，从而更加积极地投入工作中去。最后，政府和社会各界也应该给予中小微企业更多的支持和关注。例如，政府可以设立专门的人才引进计划或提供税收优惠等政策措施，帮助中小微企业吸引和留住高素质人才。同时，社会各界也可以通过举办招聘会、提供职业培训等方式，为中小微企业提供更多的人才资源。

（三）财务管理不规范

1. 财务管理体系不健全

许多中小微企业在创立初期，由于资金和资源有限，往往将主要精力集中在业务拓展上，而忽视了财务管理体系的建设。这导致企业的财务管理流程混乱，缺乏标准化的财务制度和操作规范。例如，一些企业可能没有明确的财务核算流程，或者财务核算流程过于简单，无法准确反映企业的真实财务状况。此外，中小微企业往往缺乏专业的财务人员，或者财务人员的专业水平不高，难以胜任复杂的财务管理工作。这进一步加剧了财务管理体系的问题。当企业规模逐渐扩大，业务日益复杂时，这种不健全的财务管理体系就会成为企业发展的瓶颈。

2. 缺乏规范的财务制度和透明的财务报告

规范的财务制度和透明的财务报告是企业信誉的重要体现，也是企业获得外部融资的关键。然而，许多中小微企业在这方面存在明显不足。它们可能没有建立完善的财务制度，导致财务核算不规范，财务数据失真。同时，由于缺乏透明的财务报告，外部投资者和债权人难以了解企业的真实财务状况，从而增加了企业的融资难度。这种问题在贵州的中小微企业中尤为突出。由于地理位置和经济水平的限制，这里的企业往往难以接触到先进的财务管理理念和方法。这导致它们在财务管理上的落后和不规范，进而影响了企业的整体形象和信誉度。

3. 影响企业信誉度和融资难度

财务管理不规范不仅会影响企业的内部管理效率，还会严重损害企业的信誉度。在商业合作中，信誉是企业的重要资产。缺乏规范的财务管理会让合作伙伴质疑企业的可靠性和诚信度，从而降低合作意愿。这对于依赖供应链和合作伙伴关系的中小微企业来说，无疑是致命的打击。更为严重的是，财务管理不规范还会增加企业的融资难度。在申请银行贷款或吸引外部投资时，投资者和金融机构通常会仔细审查企业的财务报告和财务制度。如果企业的财务管理不规范，财务报告不透明，就会使投资者和金融机构对企业的偿债能力产生怀疑，从而拒绝提供融资支持。这对于资金匮乏的中小微企业来说，无疑是雪上加霜。为了解决这些问题，贵州的中小微企业需要加强财务管理体系的建设。首先，它们需要建立完善的财务制度，明确财务核算流程和操作规范。其次，企业应该提高财务人员的专业水平，通过培训和引进专业人才来优化财务团队。最后，企业需要定期发布财务报告，加强与外部投资者和债权人的沟通，提高企业的信誉度和融资能力。

（四）市场营销策略单一

1. 市场营销策略的单一性及其原因

贵州的中小微企业在市场营销策略上往往表现出明显的单一性。这主要体现在它们过于依赖价格战和促销等传统的营销手段，而忽视了品牌建设、客户关系管理等更为长远的营销策略。这种单一性产生的原因主要有两方面：一是缺乏专业的市场营销团队，导致企业在制定和执行营销策略时缺乏专业性和创新性；二是受限于资源和资金，中小微企业往往难以投入大量的资金和精力去尝试更多元化的营销策略。这种单一性的市场营销策略在短期内可能会带来一定的销售业绩，却不利于企业的持续发展。因为价格战和促销等手段虽然能够吸引一部分消费者，但很难形成稳定的客户关系和品牌忠诚度。一旦竞争对手采取更为激进的价格策略或开展更有吸引力的促销活动，企业就可能面临客户流失的风险。

2. 品牌影响力和客户忠诚度的缺失

由于市场营销策略的单一性，贵州的中小微企业往往难以形成强大的品牌影响力和稳定的客户忠诚度。品牌是企业的重要资产，它不仅能够提升企业的知名度和美誉度，还能够帮助企业吸引和留住客户。然而，由于缺乏专业的市场营销团队和多元化的策略，中小微企业在品牌建设方面往往力不从心。同时，客户忠诚度也是企业持续发展的重要保障。忠诚的客户不仅能够为企业带来稳定的销售业绩，还能够通过口碑传播为企业带来更多的潜在客户。然而，由于市场营销策略的单一性，中小微企业往往难以与客户建立起深厚的情感联系，导致客户忠诚度的缺失。

二、贵州中小微企业的市场竞争力分析

（一）灵活性与创新性优势

中小微企业由于其规模相对较小，组织结构相对简单，在决策和执行上更具灵活性。这种灵活性使中小微企业能够迅速调整经营策略，以适应市场的快速变化。例如，当市场上出现新的商机或消费者需求发生变化时，中小微企业可以迅速调整产品线、改变营销策略或进入新的市场领域，从而抓住商机，实现快速增长。此外，中小微企业通常更具创新性。由于它们规模较小，没有大型企业的官僚体制和烦琐的流程，更容易接受和实施新的想法和技术。这种创新性使中小微企业在产品开发、服务提供和市场开拓等方面更具优势。在贵州这样一个经济发展相对滞后的地区，中小微企业的这种创新性和灵活性尤为重要，因为它们可以通过创新来突破资源限制，实现快速发展。

(二) 价格竞争优势

中小微企业规模较小，管理成本相对较低，这使它们在价格上具有一定的竞争优势。与大型企业相比，中小微企业的运营成本更低，因此可以提供更有竞争力的价格来吸引消费者。在贵州这样的欠发达地区，消费者对价格较为敏感，因此中小微企业的价格优势可以转化为市场份额和销售额的优势。然而，需要注意的是，价格竞争并不是长久之计。随着市场竞争的加剧和消费者需求的升级，单纯的价格竞争已经难以维持企业的长期发展。因此，中小微企业需要在保持价格优势的同时，不断提升产品质量和服务水平，以满足消费者日益多样化的需求。

(三) 资金、技术和人才的劣势

尽管中小微企业在灵活性和创新性方面具有优势，但在资金、技术和人才等方面却相对匮乏。首先，中小微企业通常面临资金短缺的问题。由于规模较小、信誉度不高以及抵押物不足等，它们往往难以从银行或其他金融机构获得足够的融资支持。这限制了中小微企业在研发、市场推广和品牌建设等方面的投入，从而影响了其市场竞争力。其次，中小微企业在技术方面也相对落后。由于缺乏足够的研发资金和人才储备，它们往往难以掌握行业的前沿技术和创新成果。这使得中小微企业在产品升级换代和市场竞争中处于不利地位。最后，人才短缺也是中小微企业面临的一个重要问题。地理位置、薪资待遇和发展前景等方面的限制，使贵州的中小微企业往往难以吸引和留住高素质的人才。这导致了企业在管理、技术和市场营销等方面的能力不足，进一步削弱了其市场竞争力。

(四) 品牌影响力和市场份额的劣势

品牌是影响消费者购买决策的重要因素之一。然而，贵州的中小微企业在品牌建设方面普遍存在不足。由于缺乏足够的资金投入和专业的品牌管理团队，它们的品牌影响力相对较弱。这导致了消费者在购买决策中更倾向于选择知名品牌的产品或服务。同时，中小微企业在市场份额方面也处于劣势地位。资金、技术和品牌等方面的限制，使中小微企业在市场竞争中处于被动地位，难以实现快速发展和规模扩张。

贵州的中小微企业在市场竞争力方面既有优势也有劣势。为了提升自身的竞争力并实现可持续发展，这些企业需要充分发挥灵活性和创新性的优势，同时努力克服资金、技术、人才和品牌等方面的劣势。政府和社会各界也应该给予中小微企业更多的支持和关注，帮助它们解决发展中的问题并创造更加公平的市场竞争环境。只有这样，贵州的中小微企业才能在激烈的市场竞争中脱颖而出并实现可持续发展。

第八章　贵州中小微企业融资能力提升

第一节　贵州中小微企业融资的现状与问题

一、融资现状

贵州中小微企业的融资渠道相对有限，这一现象背后有多种复杂的原因。其中，银行贷款作为最主要的融资渠道，对中小微企业而言，既是希望也是挑战。银行贷款的稳定性、较低的利率以及较长的贷款期限，使其成为许多中小微企业首选的融资方式。然而，由于中小微企业规模较小，经营历史可能不够长，信用记录不够完善，银行在审批贷款时持更为谨慎的态度。在这种情况下，民间借贷成为一种补充。民间借贷的优势在于其灵活性和快速性，能够满足中小微企业在短时间内对资金的需求。但是，民间借贷往往伴随着较高的利率，增加了企业的融资成本。更重要的是，由于民间借贷的法律法规尚不完善，借贷双方可能面临一定的法律风险。内部融资，主要依赖企业自身的经营积累和利润留存，对于稳定经营、盈利能力强的企业来说是一个可行的选择。然而，对于初创期和成长期的中小微企业来说，由于其业务尚在扩张阶段，盈利能力有限，内部融资的能力也受到限制。

由于中小微企业的信用等级相对较低，经营风险和不确定性较大，金融机构在对其提供贷款时往往会持更为审慎的态度。为了弥补潜在的风险，金融机构通常会要求较高的贷款利率，以确保在出现违约情况时能够得到足够的补偿。这种风险定价机制虽然有其合理性，但对于中小微企业来说，意味着融资成本的显著增加。除了高利率，金融机构还可能要求中小微企业提供额外的担保，如抵押物、质押物或第三方担保等。这些担保要求不仅增加了企业的融资难度，还可能导致企业因无法满足担保条件而错失融资机会。即使企业能够提供足够的担保，这些担保措施通常也会产生额外的费用，如评估费、保险费、担保费等，进一步推高了企业的融资成本。与此同时，民间借贷作为中小微企业融资的另一种选择，其利率也普遍较高。这主要是因为民间借贷的风险相对较高，且缺乏正规金融机构的严格监管和风险评估机制。高利率的民间借贷虽然能够在短时间内为企业提供所需的资金，但长期来看，高额的利息支出会严重挤压企业的利润空间，甚至可能导致企业陷入恶性循环，加重其经营负担。

二、融资问题

（一）信用体系缺乏

贵州中小微企业在融资过程中确实面临一些严峻的问题，比如信用体系不完善。这一问题主要体现在许多中小微企业的财务制度和财务报告不够完善和透明上。由于管理不规范、缺乏专业的财务人员或者对财务制度的重视程度不够，这些企业往往无法提供准确、详尽的财务报告，导致金融机构难以评估这些企业的信用状况和偿债能力。金融机构在决定是否给予贷款时，非常依赖企业的财务报告来了解其经营状况、现金流、负债情况等关键信息。如果企业的财务报告不透明或不准确，金融机构将无法做出合理的风险评估，可能拒绝贷款申请，或者在贷款时要求更高的利率或更严格的担保条件。更为严重的是，一些中小微企业存在逃废债等不良行为。这些行为不仅损害了企业的信用形象，也让金融机构对整个中小微企业群体的信任度下降。逃废债等失信行为会严重影响企业的声誉，使其他企业在融资时也可能受到不公平的待遇。这种"劣币驱逐良币"的现象，对整个市场环境都是不利的。

（二）担保机制不健全

中小微企业在申请银行贷款时，常遭遇担保难题。银行贷款通常需要企业提供担保物或担保人，这对于大型企业或许不是难题，但对于中小微企业来说，却是一个实实在在的挑战。贵州的中小微企业普遍缺乏足够的抵押物或质押物。这些企业往往处于初创或成长阶段，资产规模相对较小，可能没有足够的房产、设备或其他有价值的资产来作为贷款的担保。同时，这些企业也往往难以找到合适的担保人。担保人需要具备良好的信用记录和稳定的经济实力，但这样的个体或企业并不容易找到，尤其是在经济欠发达的地区。这一担保难题不仅使中小微企业在申请银行贷款时面临较大的困难，还限制了它们的融资能力和发展空间。有些企业即便有了可行的商业计划和市场前景，也可能因为无法提供担保而错失融资机会。与此同时，现有的担保机构数量有限，且担保费用较高，这无疑增加了中小微企业的融资成本。担保机构在提供担保服务时，通常会根据企业的风险等级和担保金额来收取一定的费用。对于资金本就紧张的中小微企业来说，这笔额外的费用可能会成为它们融资的又一道门槛。

（三）金融机构服务不足

近年来，贵州的金融机构数量确实有所增加，为当地经济发展注入了一定的活力。然而，尽管金融机构的数量在增长，针对中小微企业的金融服务仍然捉襟见肘。中小微企业在贵州的经济体系中占据了重要的地位，但它们所获得的金融支持与其经济贡献并不匹配。一些金融机构在面对中小微企业的贷款申请时，往往较为谨慎。这主要体现在贷款审批流程的烦琐和放贷周期的冗长上。中小微企业通常需要快速、灵活的融资服务来应对市场的变化，但现有的贷款流程往往无法满足它们的这一需求。长时间的等待和复杂的审批程序可能会让企业错失商机，甚至面临资金链断裂的风险。除此之外，金融机构在风险评估、产品创新和服务质量等方面也存在不容忽视的问题。风险评估是金融机构决定是否放贷的关键因素，但目前一些机构的风险评估模型可能过于简单或刻板，无法准确反映中小微企业的真实风险状况。产品创新方面，虽然市场上不乏针对大型企业的金融产品，但真正适合中小微企业的创新产品却寥寥无几。服务质量上，部分金融机构可能缺乏对中小微企业的深入了解，导致服务不够贴心、专业。

（四）政府支持政策有待加强

尽管政府为了支持中小微企业的发展，已经出台了一系列融资支持的政策措施，但在实际执行过程中，这些政策的实施效果却并不理想。首先，政府对中小微企业的融资支持力度仍有提升的空间，其覆盖范围也相对有限。虽然设立了中小微企业融资担保基金，但基金规模不能满足众多中小微企业的融资需求。这意味着，尽管有政策的支持，但仍有大量企业无法从中受益。同时，政府提供的税收优惠虽然能在一定程度上减轻企业的税负，但其减免的幅度和范围可能还不足以缓解企业的融资难题。其次，政策的宣传和推广力度明显不足。很多中小微企业对政府出台的这些支持政策并不十分了解，甚至完全不知情。这可能是因为政府在推广这些政策时，没有采用有效的宣传方式和渠道，或者宣传的频率和深度不够。这种情况下，政策难以发挥其应有的作用，因为企业根本不知道该政策的存在，更谈不上利用政策优惠了。

第二节　金融创新助力贵州中小微企业融资

一、金融科技的应用

（一）利用大数据、人工智能精准评估中小微企业的信用状况和风险水平

随着科技的不断进步，大数据和人工智能已经成为现代金融行业的重要工具。对于贵州的中小微企业来说，这两项技术为他们打开了一扇新的融资大门。利用大数据技术，金融机构能够收集到海量的企业数据，包括但不仅限于企业的财务报表、交易记录、纳税信息、市场情况等。这些数

据在过去可能难以被有效整合和分析，但现在，通过先进的数据挖掘和分析技术，金融机构可以提取出有价值的信息，为信用评估提供更为全面和准确的依据。而人工智能技术的应用，则使信用评估过程更加智能化和自动化。通过机器学习算法，人工智能可以自动识别数据中的模式和趋势，进而预测企业的未来表现和风险水平。这种预测能力在过去是难以想象的，但现在却成为可能。具体来说，金融机构可以利用这些技术构建一个综合的信用评估模型。这个模型不仅可以考虑企业的历史表现，还能够结合当前的市场环境和行业趋势，给出一个更为动态和精准的信用评分。这样的评分不仅能够反映企业的偿债能力，还能够预测其未来的发展潜力。

（二）通过建立智能风控模型，实现快速审批和放款

在传统的贷款审批过程中，由于需要人工审核大量的文件和资料，所以审批周期往往较长，效率低下。但现在，通过建立智能风控模型，金融机构可以大幅缩短这个周期，提高融资效率。智能风控模型的核心是利用大数据和人工智能技术来自动化处理贷款审批过程。当企业提交贷款申请后，模型会自动对其进行全面的风险评估。这个过程包括但不仅限于分析企业的财务报表、交易记录、市场情况等多维度数据。一旦模型完成了风险评估，就会自动生成一个审批决策。这个决策会基于多个因素，包括企业的信用评分、还款能力、行业风险等。如果企业的风险水平在可接受范围内，模型就会自动批准贷款申请，并立即放款。这种智能化的审批不仅大大提高了效率，还减少了人为干预和主观判断的可能性。这意味着中小微企业在申请贷款时，可以被更加公平和客观地对待。同时，由于放款速度的提升，企业也可以更快地获得所需的资金，从而抓住市场机遇，促进自身的发展。

二、数字化金融服务平台

（一）构建线上金融服务平台，提供一站式金融服务

对于贵州中小微企业融资难的问题，构建线上金融服务平台成了一个创

新且实用的解决方案。这一平台通过互联网技术，打破了传统的金融服务模式，为中小微企业提供了一站式金融服务。在这个线上金融服务平台上，中小微企业可以轻松地找到适合自己的金融产品和服务。平台汇聚了多家金融机构的优质资源，提供了包括贷款、投资、保险等多种金融服务。无论是初创企业需要的天使投资，还是成长型企业寻求的扩张资金，甚至是稳定运营的企业想要的风险管理解决方案，都能在这个平台上获得帮助。更为关键的是，线上金融服务平台还提供了金融咨询、财务规划等增值服务。中小微企业往往缺乏专业的金融知识和经验，这些服务正好能够填补这一空白，帮助企业在复杂的金融环境中做出明智的决策。此外，平台还设有专门的客户服务团队，可以随时回答企业的问题和解决他们的困惑。这种全方位、一站式的金融服务模式，大大提高了中小微企业获得金融支持的便利性和效率。

（二）在线提交融资申请，实时查看审批进度

线上金融服务平台的另一个显著优势是实现了信息的实时更新和交互。中小微企业可以在平台上提交融资申请，无须烦琐的纸质材料和冗长的等待时间。提交申请后，企业可以随时查看审批进度。平台上的实时更新功能让企业随时掌握申请的状态，无论是资料审核、审批通过还是待放款，都一目了然。同时，线上金融服务平台还支持企业与金融机构之间的实时交互。金融机构在审核过程中有任何疑问或需要进一步的信息，会直接在平台上与企业沟通。这种即时的反馈机制大大减少了信息传递的延迟和误解，提高了融资过程的透明度和效率。此外，线上金融服务平台还利用先进的数据加密技术，确保所有交易和沟通的安全性。企业在享受便捷服务的同时，也能确保自己的商业机密和财务信息不会泄露。

三、创新金融产品

（一）针对中小微企业的特点，设计灵活多样的金融产品

中小微企业作为经济的重要组成部分，其运营模式和资金需求与大型企

业存在显著差异。因此，为满足中小微企业的特殊需求，金融机构必须针对性地设计灵活多样的金融产品。例如，供应链金融便是一种非常适合中小微企业的金融产品。供应链金融基于企业间的真实贸易，为供应链中的上下游企业提供融资服务。对于中小微企业来说，供应链金融不仅可以解决它们的短期资金需求，还能帮助它们优化供应链管理，提高资金周转率。此外，订单融资也是一种针对中小微企业特点设计的金融产品。订单融资是指企业凭借有效的销售订单或合同，向金融机构申请融资。这种融资方式特别适合那些已经签订大额销售订单，但缺乏足够资金来采购原材料或完成生产的中小微企业。通过订单融资，企业可以提前获得资金，确保订单的顺利执行，从而稳定客户关系，提升市场竞争力。这些灵活多样的金融产品充分考虑了中小微企业的运营特点和资金需求，为它们提供了更加贴合实际的融资解决方案。

（二）灵活金融产品满足短期资金需求，降低融资成本

传统的融资方式往往流程烦琐，审批时间长，无法满足中小微企业短期的资金需求。而针对中小微企业特点设计的金融产品，如供应链金融和订单融资，恰好能够解决这一问题。这些产品通常具有审批速度快、资金到账迅速的特点，企业无须等待漫长的审批，可以快速获得所需资金，确保业务的正常运转。同时，这些金融产品还能有效降低中小微企业的融资成本。传统的融资方式往往伴随着较高的利息和额外费用，增加了企业的财务负担。而供应链金融和订单融资等由于基于真实的贸易背景或销售订单，风险相对较低，所以金融机构可以提供更为优惠的融资条件，降低企业的融资成本。总的来说，针对中小微企业的特点设计的金融产品，不仅能够更好地满足企业的短期资金需求，还能有效降低融资成本，为中小微企业的发展提供有力的金融支持。

四、政府引导的金融创新

（一）政府设立中小微企业融资担保基金，提供增信服务

这一基金的设立，为中小微企业提供了一个有力的信用背书，增强了它

们在金融机构中的信贷能力。融资担保基金通过与金融机构的紧密合作，为中小微企业提供增信服务。而有了融资担保基金的增信，金融机构的风险降低，因此更愿意向中小微企业提供贷款。担保基金通常是由政府出资设立，同时可能会引入社会资本。当中小微企业向金融机构申请贷款时，担保基金会根据企业的实际情况和贷款需求，提供一定比例的担保。这样，即使中小微企业在贷款期间出现还款问题，金融机构也能从担保基金中获得一定的风险补偿，从而降低了坏账风险。此外，政府还通过不断完善担保基金的管理机制和风险控制体系，确保其稳健运行。这包括对担保项目的严格审核、对担保比例的合理设定以及对后续的跟踪管理等方面。通过这些措施，政府为中小微企业创造了一个更加公平、透明的融资环境。

（二）政府推动金融机构与多方合作，开发行业特色金融产品

除了设立融资担保基金，政府还积极推动金融机构与产业园区、行业协会等进行合作，共同开发符合行业特点的金融产品。这种合作模式基于产业园区和行业协会对行业内中小微企业的深入了解，以及金融机构的专业金融知识。可以更准确地把握中小微企业的实际需求，开发出更加贴合行业特点的金融产品。例如，针对某个特定行业的中小微企业，政府可以联合金融机构和行业协会，共同设计出一款既满足企业资金需求，又能有效控制风险的贷款产品。这样的产品可能包括灵活的还款计划、优惠的利率政策以及针对性的风险控制措施等。同时，政府还通过这种合作方式，促进了金融机构与中小微企业之间的沟通与交流。这不仅有助于增进双方的了解与信任，还能为中小微企业提供更多的金融知识和咨询服务，帮助它们更好地运用金融产品来支持自身的发展。

五、加强金融教育与培训

（一）针对中小微企业管理者和员工开展金融知识培训

中小微企业作为我国经济的重要组成部分，其管理者和员工的金融素养

直接关系到企业的发展与融资能力。然而，出于种种原因，许多中小微企业的管理者和员工在金融知识方面的不足，这不仅限制了他们的融资视野，也影响了企业的长远发展。为了弥补这方面的不足，开展针对性的金融知识培训显得尤为重要。通过培训，可以帮助中小微企业的管理者和员工建立起系统的金融知识体系，使他们更加了解金融市场、金融产品和融资策略。培训内容可以包括基础的金融理论、融资渠道的选择与比较、风险评估与管理等。培训形式也应该多样化，既可以是线下的集中授课，也可以是线上的网络课程，以满足不同学习者的需求。同时，还可以邀请金融行业的专家举办讲座或现场指导，让学员们能够直面行业前沿，了解最新的金融动态和趋势。此外，为了确保培训效果，还可以设置相应的考核和反馈机制，检验学员们的学习成果，及时发现并纠正他们在金融知识方面的误区和盲点；而通过反馈，可以了解学员们的学习需求和困难，以便对培训内容和方法进行持续优化。

（二）提升中小微企业的金融素养和融资能力

开展金融知识培训的目的不仅仅是传授知识，更重要的是提升中小微企业的金融素养和融资能力。金融素养是指个人或企业在金融事务中做出明智决策的能力，而融资能力则是指企业获取和利用资金的能力。通过培训，中小微企业的管理者和员工将能够更好地了解金融产品，包括贷款、股权融资、债券等融资工具的特点和风险。这将使他们在融资过程中能够更加理性地分析和比较不同产品的优劣势，从而制定最适合企业的融资方案。同时，提升金融素养还有助于中小微企业提高融资效率。在融资过程中，企业需要与金融机构进行有效的沟通和协商。具备较高金融素养的管理者和员工能够更加专业、准确地表达自己的需求和期望，减少信息不对称和误解，从而加速融资进程并降低融资成本。

第三节 信贷风险管理与防范措施

一、信贷风险管理

（一）风险评估

1. 全面深入的企业经营状况评估

在中小微企业信贷风险管理中，风险评估是第一步。金融机构在审批贷款申请前，会对企业的经营状况进行全面深入的评估。这不仅涉及企业当前的运营状态，还包括其历史经营情况、市场竞争力以及行业地位。首先，金融机构会仔细审查企业的营业执照、税务登记证等，确保企业的合法性和经营稳定性。其次，他们会深入了解企业的业务模式、产品或服务的质量与市场需求，以及供应链管理情况，从而判断企业的盈利能力和市场前景。再次，企业的市场竞争力也是评估的重点。金融机构会分析企业在行业中的地位，是否拥有核心竞争力，如独特的技术、品牌知名度或成本优势。这些因素直接关系到企业在激烈市场竞争中的生存和发展能力。最后，金融机构还会考察企业的历史经营数据，如销售额、利润率等，以评估企业的经营稳定性和成长性。这些数据不仅反映了企业过去的业绩，也能在一定程度上预示其未来的发展趋势。

2. 细致严谨的财务状况评估

除了经营状况，企业的财务状况也是信贷风险评估中不可或缺的一部分。金融机构会仔细审查企业的财务报表，包括资产负债表、利润表和现金流量表等，以全面了解企业的资产规模、负债结构、盈利能力以及现金流状况。在财务状况评估中，金融机构特别关注企业的偿债能力。他们会通过分析企业的流动比率、速动比率等指标，判断企业对短期债务的偿还能力。同时，通过考察企业的资产负债率、产权比率等，评估企业的长期偿债能力及财务结构的稳健性。另外，金融机构还会对企业的盈利能力进行详细分析。通过计算企业的销售利润率、净资产收益率等，了解企业的盈利水平及其稳定性。盈利能力强的企业通常具有更高的信贷评级，因为它们更有可能按时偿还贷款本息。

（二）信贷审批

1. 严格遵守政策与规定进行审批

在信贷审批环节，贵州省的金融机构始终保持着高度的严谨性和规范性。他们严格按照国家和地方的相关金融政策、法规以及内部的风险管理制度来开展贷款的审批工作。在这一过程中，金融机构不仅对企业的基本信息进行核实，还会对其经营状况、财务状况、信用记录等方面进行综合考量。审批过程中，金融机构会设立专门的信贷审批团队或委员会，这些专家团队会根据评估标准和风险阈值，对贷款申请进行细致的审查。他们会仔细分析贷款的目的、金额、期限等要素，确保每一笔贷款都符合政策要求，并且风险在可控范围内。此外，金融机构还会定期对信贷政策和审批流程进行更新和优化，以适应市场环境和监管要求的变化。这种持续改进的态度，不仅有助于提升审批效率，还能更好地满足中小微企业的融资需求，同时有效地控制信贷风险。

2. 针对风险企业的特殊审批措施

对于信用评级较低或存在风险的中小微企业，金融机构会采取更为谨慎的审批策略。这些企业可能由于经营历史较短、财务数据不够透明或者所在行业波动较大等，而被认为具有较高的信贷风险。在这种情况下，金融机构可能会要求企业提供更多的担保措施，如增加抵押物、质押物或者提供第三方保证等，以提升贷款的安全性。同时，金融机构还可能降低对这些企业的贷款额度，以减少潜在损失。这些措施旨在平衡金融机构的贷款收益与风险，确保资金的安全性和流动性。值得一提的是，尽管这些特殊审批措施可能提高了企业的融资门槛，但它们也是金融机构在复杂多变的市场环境中保护自身利益和防范信贷风险的重要手段。金融机构在审批过程中始终保持着公正、透明的原则，确保每一个贷款决策都基于全面的风险评估和合理的商业考量。

（三）贷后管理

1. 定期跟踪检查企业的经营与财务状况

贷款发放后，金融机构的贷后管理工作随即展开。这一环节对于确保贷款资金的安全、防范信贷风险具有至关重要的作用。贵州省的金融机构在贷后管理中，首先会定期对企业的经营状况和财务状况进行跟踪检查。这种跟踪检查并非一次性的，而是贯穿于贷款期间的持续性工作。金融机构会派遣专业的贷后管理团队，通过实地走访、查阅财务报表、与企业管理人员沟通等多种方式，全面了解企业的最新经营情况和财务状况。这些检查不仅包括对企业日常运营的观察，还涉及对企业资产负债表、利润表、现金流量表等财务数据的深入分析。通过跟踪检查，金融机构能够及时发现企业经营过程中可能出现的问题和风险点，如销售下滑、成本上升、应收账款增加等。一旦发现异常情况，金融机构会迅速与企业沟通，了解原因并采取应对措施，以确保贷款资金的安全。

2. 密切关注还款情况与逾期风险预警

除了对企业的经营和财务状况进行跟踪检查，金融机构还会密切关注企业的还款情况。这是贷后管理的另一项重要内容。金融机构会建立详细的还款记录，并定期与企业核对账目，确保每一笔还款都准确无误。同时，为了防范可能出现的逾期风险，金融机构会建立一套完善的预警机制。这套机制包括对还款账户的持续监控、对异常还款行为的自动识别以及及时的风险提示。一旦检测到企业可能出现逾期还款的情况，金融机构会立即启动预警程序，与企业取得联系并了解情况。在逾期风险出现时，金融机构不仅会与企业沟通协商解决方案，还会根据实际情况采取风险控制措施，如增加担保、调整还款计划等。这些措施旨在最大限度地降低信贷风险，保护金融机构的权益。

二、防范措施

（一）建立完善的信贷制度

1. 信贷制度的合规性保障

贵州省为了支持中小微企业的发展，出台了《贵州省中小企业信贷通设立方案》等相关政策。这些政策不仅为中小微企业的信贷提供了明确的指导，更为金融机构开展信贷业务提供了坚实的制度保障。合规性是金融业务的基石。在信贷业务中，金融机构必须严格遵守国家和地方出台的相关法律法规和政策指导。贵州省的这些信贷政策就是金融机构开展业务的"指南针"，确保了信贷活动的合法性和规范性。金融机构在开展中小微企业信贷业务时，必须对这些政策进行深入解读，确保每一项业务操作都符合政策要求，不越红线、不触高压线。此外，这些信贷政策还对金融机构的信贷审批流程、风险管理措施等进行了详细规定。金融机构在执行过程中，不仅要确保业务流程的合规性，还要对内部管理制度进行全面优化，以适应政策要求，提升信贷业务的整体效率和质量。

2. 信贷业务的稳健性考量

稳健性是金融机构经营的重要原则之一。在信贷业务中，稳健性主要体现在对信贷风险的严格控制和对贷款资金的安全保障上。贵州省出台的相关信贷政策，正是在引导金融机构支持中小微企业发展的同时，保持信贷业务的稳健运营。金融机构在开展中小微企业信贷业务时，应充分考虑借款企业的还款能力、经营状况、市场前景等因素，避免盲目放贷和过度授信。同时，金融机构还应建立完善的贷后管理机制，定期对贷款企业进行跟踪检查和评估，确保贷款资金按照合同规定的用途使用，及时发现并解决潜在的风险问题。为了实现信贷业务的稳健性，金融机构还应加强内部风险管理体系建设，提升风险识别和评估能力。通过引入先进的风险管理理念和技术手段，金融机构可以更加准确地评估中小微企业的信贷风险，从而制定出更为科学合理的信贷政策和风险管理措施。

（二）加强信息共享

1. 信息共享提升信贷决策准确性

在信贷风险管理中，信息的全面性和准确性是至关重要的。贵州省通过建立全国融资信用服务平台，为金融机构提供了一个集中查询企业信用信息的渠道。这一平台的建立，打破了信息孤岛，使原本分散、难以获取的企业信用信息得以整合和公开。金融机构在进行信贷决策时，通常需要评估借款企业的信用状况和风险情况。在没有充足信息支持的情况下，这种评估往往带有很大的不确定性和主观性。而通过全国融资信用服务平台，金融机构能够获取更加详细和客观的企业信用报告，包括企业的历史信用记录、财务状况、涉诉情况等。这些信息为信贷决策提供了有力的数据支撑，使金融机构能够更准确地评估企业的信贷风险，从而做出更为合理的贷款决策。

2. 信息共享助力风险预警与防范

除了提升信贷决策的准确性，信息共享还在风险预警与防范方面发挥着重要作用。全国融资信用服务平台不仅提供了企业历史信用记录的查询，还能够实时更新企业的最新信用信息。这意味着金融机构可以及时发现企业信用状况的变化，如经营状况恶化、法律纠纷增多等风险信号。从而采取相应的风险防范措施。例如，降低贷款额度、加强担保要求等，以控制潜在的信贷风险。此外，信息共享还有助于金融机构发现潜在的欺诈行为。通过比对不同来源的信息，金融机构可以识别出虚假财务报表、伪造的经营数据等，从而保护自身权益不受损害。

（三）推广多元化融资方式

1. 满足中小微企业的短期资金需求与降低融资成本

贵州省的中小微企业是推动地方经济发展的重要力量，但它们往往面临着资金短缺和融资难的问题。传统的信贷方式可能无法满足这些企业灵活多变的资金需求，因此，推广多元化的融资方式显得尤为重要。供应链金融、订单融资等新型金融产品，正是针对中小微企业的实际运营特点和资金需求设计的。供应链金融，通过利用供应链中的核心企业的信用，为上下游的中小微企业提供融资支持，这种方式不仅降低了中小微企业的融资门槛，还提高了资金的使用效率。而订单融资则允许企业用未来的销售收入归还借款，满足了企业在生产和销售过程中的短期资金需求。这些灵活多样的金融产品，不仅为中小微企业提供了更多的融资选择，更重要的是，它们通常具有较低的融资成本。相比传统的信贷方式，这些新型融资方式能够减少不必要的中间环节和费用，从而降低企业的融资成本，提高企业的盈利能力。

2. 分散信贷风险与提高金融机构的抗风险能力

信贷风险是金融机构在提供融资服务时面临的主要风险之一。传统的信贷方式往往将风险集中在少数几项大额贷款上，一旦这些贷款出现违约，金融机构可能面临巨大的损失。而通过推广多元化的融资方式，金融机构可以将风险分散到更多的中小微企业中。由于这些企业的资金需求相对较小，且融资方式灵活，即使个别企业出现违约情况，也不会对金融机构造成过大的损失。这种风险分散的策略，不仅降低了金融机构的信贷风险，还提高了其抗风险能力。此外，多元化的融资方式还使金融机构能够更加灵活地调整其融资策略。当市场环境或企业经营状况发生变化时，金融机构可以迅速调整融资产品和推广策略，以适应新的市场需求和风险状况。这种灵活性不仅有助于金融机构更好地服务中小微企业，还能够增强其应对市场风险的能力。

（四）加强担保体系建设

1. 担保体系降低金融机构信贷风险

金融机构在考虑是否为中小微企业提供融资时，往往会担忧其信贷风险。为了有效降低这种风险，并增强金融机构对中小微企业融资的信心，贵州省设立了中小微企业融资担保基金。该担保基金作为第三方增信机构，能够为中小微企业提供额外的信用背书。当中小微企业向金融机构申请融资时，担保基金会为其提供担保，这意味着一旦企业出现违约情况，担保基金将承担一定的代偿责任。这样的机制设计大大降低了金融机构的信贷风险，使其更加愿意为中小微企业提供资金支持。此外，担保基金还具备专业的风险评估和管理职能。它们会对申请担保的中小微企业进行严格的信用评估和审核，确保其具备一定的还款能力和良好的经营前景。这种前置的风险筛选机制，进一步降低了金融机构面临的信贷风险，提高了整个融资过程的安全性和可靠性。

2. 担保体系提高中小微企业融资成功率

担保基金的介入，使中小微企业在向金融机构申请融资时，能够更容易地通过信用审核。金融机构在考虑到担保基金的代偿承诺后，会更加倾向于为这些企业提供资金支持。这不仅缓解了中小微企业的融资压力，也为其后续的发展壮大提供了强有力的资金支持。同时，担保体系的建设还促进了金融机构与中小微企业之间的沟通。担保基金在为企业提供担保服务的过程中，会深入了解企业的经营状况、财务状况以及市场前景等信息。这些信息有助于金融机构更全面地了解企业，并做出更为准确的信贷决策。在信息不对称问题得到缓解的情况下，中小微企业的融资成功率自然会得到提升。

（五）提升中小微企业的自身素质

1. 提高金融素养与融资能力

在当前的金融环境下，中小微企业要想顺利获得融资并实现稳健发展，其管理者和员工必须具备一定的金融素养。贵州省深知这一点，因此积极开展金融知识培训等活动。通过这些培训，中小微企业的管理者和员工可以更加深入地了解金融市场、金融产品和融资流程，进而提升他们在融资过程中的应对能力。这种金融素养的提升，首先表现在企业能够更好地理解各类金融产品的特点和风险，从而在选择融资方式时做出更为明智的决策。比如，企业可以根据自身的经营状况和资金需求，选择最合适的融资产品，避免因为对产品的不了解而导致的融资风险。此外，提升金融素养还有助于提高中小微企业的融资效率。在融资过程中，企业需要与金融机构进行有效的沟通和协商。具备较高金融素养的企业管理者和员工，能够更准确地表达自己的融资需求，更快速地把握金融机构的关注点，从而加速融资的进程。

2. 增强信用意识以降低信贷风险

除了提升金融素养，贵州省还注重通过培训等活动增强中小微企业的信用意识。信用是企业的无形资产，也是企业在融资过程中的重要资本。一个具有良好信用的企业，往往能够获得金融机构的更多信任和支持。增强信用意识，可以避免因为短视行为而损害企业的长期信用。比如，在融资过程中，企业会严格遵守合同条款，按时还款付息，从而树立良好的信用形象。这种信用形象的建立，不仅有助于企业在未来获得更优惠的融资条件，还能够降低金融机构的信贷风险。同时，增强信用意识还有助于中小微企业内部形成诚信经营的文化氛围。在这种氛围下，企业员工会更加注重个人和企业的信用建设，从而在日常经营中自然而然地遵循诚信原则。这种文化氛围的营造，对于企业的长远发展具有积极的影响。

第四节　提升贵州中小微企业融资能力的策略

一、优化融资环境

（一）完善政策法规

完善政策法规是提升贵州中小微企业融资能力的重要举措。贵州省政府应当积极行动，针对中小微企业的特点和需求，进一步完善相关政策法规，从而有效降低这些企业的融资门槛。具体来说，政府可以制定更加灵活的贷款政策。传统的贷款政策往往较为严格，流程烦琐，这对于资金流动性强、经营灵活的中小微企业来说，融资难度很大。因此，政府应考虑在风险可控的前提下，放宽贷款条件，简化贷款流程。例如，可以调整贷款申请的资质要求，减少对抵押物的过度依赖，更多地考虑企业的经营状况、市场前景以及信用记录等因素。此外，政府还可以优化贷款申请流程。中小微企业在申请贷款时，往往需要提交大量的材料和证明，这不仅增加了企业的申请成本，也延长了融资周期。为了改善这一情况，政府可以推行"一窗通办"服务模式，整合各部门的信息和资源，实现信息共享和流程简化。同时，还可以利用现代信息技术，如大数据、人工智能等，提高审核效率，确保资金能够更快、更准确地投放到有需求的企业手中。这些措施的实施，使贵州省的中小微企业能够更容易地获得资金支持，从而更好地应对市场挑战，实现持续稳健的发展。这不仅有助于提升中小微企业的整体竞争力，也将为贵州省的经济发展注入新的活力。

（二）加强政府引导

加强政府引导在提升贵州中小微企业融资能力方面具有重要作用。为了更有效地支持中小微企业的发展，政府可以通过多种方式来引导和激励金融机构加大对这些企业的支持力度。首先，政府可以设立专项资金，专门为中小微企业提供融资支持。这种专项资金可以作为贷款贴息、风险补偿或者直接投资，以减轻中小微企业在创业初期或扩展阶段的资金压力。通过这种方式，政府不仅为中小微企业提供了实实在在的资金帮助，还向金融机构传递了一个明确的信号：支持中小微企业发展是政府的重要政策方向。其次，政府提供担保也是一种有效的引导方式。中小微企业往往因为缺乏足够的抵押物或信用记录而难以获得金融机构的信任，此时政府的担保就显得尤为重要。政府可以为有潜力的中小微企业提供贷款担保，降低金融机构的信贷风险，从而促使其更愿意向这些企业投放贷款。此外，税收优惠也是政府可以运用的一个重要工具。对于符合特定条件或处于特定行业的中小微企业，政府可以给予一定期限的税收优惠，如减免企业所得税、增值税等。这不仅可以直接减轻企业的财务负担，还可以提高其盈利能力，进而增强金融机构对企业的信心。除了上述直接支持措施，政府还可以搭建银企对接平台，为中小微企业和金融机构提供一个高效、透明的信息交流与合作渠道。通过这样的平台，企业可以展示自己的项目和发展潜力，而金融机构则可以更准确地了解企业的需求和风险状况，实现更精准的融资对接。

（三）建立信用体系

建立信用体系对于提升贵州中小微企业的融资能力至关重要。加快建设中小微企业信用信息数据库是这一体系的基础。数据库应全面收集并整合企业的基本信息、经营状况、财务状况、履约记录等多维度数据，确保信息的完整性、准确性和时效性。这不仅有助于金融机构全面了解企业的信用状况，还能为信用评价提供坚实的数据支撑。在建立信用信息数据库的基础上，还要进一步完善信用评价体系。这个体系应该采用科学、客观的评价方法，结合定量分析和定性评估，对中小微企业的信用状况进行全面、深入的评估。评价指标可以包括企业的偿债能力、经营能力、盈利能力、发展前景等多个方面，确保评价结果的全面性和客观性。提高中小微企业的信用透明度也是信用体系建设的重要一环。这要求企业及时、准确地公开自身的信用信息，包括财务报表、经营情况、履约记录等，让金融机构能够更清晰地了解企业的经营状况。同时，政府和相关机构也应加强对企业信用信息的监管和审核，确保信息的真实性和可靠性。利用完善的信用体系，金融机构能够更准确地评估中小微企业的信用风险，从而提供更精准的融资服务。这不仅有助于降低金融机构的信贷风险，还能提高中小微企业的融资效率和成功率，进而促进这些企业的健康发展。同时，这也将推动整个社会信用环境的改善，为中小微企业的发展创造更加有利的条件。

二、增强企业自身实力

（一）提升经营管理水平

提升经营管理水平是贵州中小微企业提升融资能力、实现持续稳健发展的关键一环。在当前竞争激烈的市场环境下，中小微企业必须不断加强自身管理，以适应不断变化的市场需求。首先，中小微企业应重视完善内部控制制度。这包括建立健全的财务管理、人力资源管理、风险控制等方面的制度，确保企业各项运营活动的合规性和高效率。通过内部控制制度的完善，企业可以降低运营风险，提高管理效率，进而增强金融机构对企业的信心。其次，提高财务管理透明度也是至关重要的。中小微企业应严格按照相关法规和规范进行财务管理，确保财务报表的真实、准确和完整。同时，企业还应主动向金融机构等利益相关者公开财务信息，以缓解信息不对称，提高融资效率。此外，中小微企业应积极引进先进的管理理念和技术手段。这包括学习借鉴国内外优秀企业的管理经验，采用先进的 ERP、CRM 等管理系统，以提高企业决策的科学性和运营的智能化水平。通过引进和应用这些理念和技术手段，中小微企业可以进一步提升运营效率，优化资源配置，降低成本，从而在市场竞争中占据有利地位。

（二）加强技术创新

加强技术创新是贵州中小微企业提升核心竞争力和融资能力的重要途径。在科技日新月异的今天，中小微企业必须紧跟时代步伐，不断推动技术创新和产品研发，才能在激烈的市场竞争中站稳脚跟，赢得更多发展机遇。中小微企业应深刻认识到技术创新的重要性，将技术研发作为企业发展的战略重点。通过加大研发投入，引进和培养高素质的研发团队，企业可以不断推出具有市场竞争力的新产品或新技术，从而提升品牌影响力，吸引更多客户的关注。同时，技术创新还有助于提高产品的科技含量和附加值。随着消费者对产品品质和功能的要求不断提高，只有具备较高科技含量的产品才能满足市场需求。因此，中小微企业应通过技术创新，不断优化产品设计，提升产品性能，增加产品附加值，从而提高产品售价和市场占有率。此外，技术创新还能为中小微企业带来更多融资机会。投资者在评估企业投资价值时，往往会重点关注企业的技术实力和研发能力。因此，具备较强技术创新能力的中小微企业更容易获得投资者的青睐，进而获得更多融资支持。

（三）拓展市场份额

拓展市场份额对于贵州的中小微企业来说，不仅是业务增长的关键，也是提升其融资能力的重要方式。在竞争激烈的市场环境中，中小微企业只有时刻关注市场动态，深入了解消费者的需求和偏好，才能制定出更为精准的营销策略。积极开展市场调研是中小微企业拓展市场份额的第一步。通过调研，企业可以掌握目标市场的最新动态，了解消费者的真实需求和消费习惯，从而为自己的产品或服务找准市场定位。市场调研不仅可以帮助企业发现新的商业机会，还可以预测潜在的市场风险。在市场调研的基础上，中小微企业应制定有针对性的营销策略。这包括选择合适的营销渠道、设计吸引人的广告和推广活动、制定合理的定价策略等。通过有效的营销，企业不仅可以扩大品牌知名度，还能吸引更多潜在客户，从而增加销售额和市场份额。拓展市场份额不仅能直接带来销售业绩的提升，还能间接增强企业的融资能力。当企业市场份额扩大，品牌影响力和知名度也会提升，这将使企业在寻求融资时更容易获得投资者或金融机构的认可和信任。同时，更大的市场份额也意味着企业有更稳定的收入来源和更强的偿债能力，这都有助于企业获得更优惠的融资条件和更低的融资成本。

三、拓宽融资渠道

（一）发展多元化融资方式

发展多元化融资方式对于贵州的中小微企业而言，是拓宽资金来源、优化融资结构的关键。传统的银行贷款的局限性日益显现，特别是在面对中小微企业多样化、灵活性的资金需求时。因此，鼓励和支持中小微企业探索多种融资方式显得尤为重要。股权融资允许企业通过出售部分股权来筹集资金。这种方式不仅为企业提供了资金支持，还可能引入具有行业经验和资源的战略投资者，从而帮助企业实现更快的发展。同时，股权融资没有固定的还款期限，这为企业提供了更大的财务灵活性。债券融资则是企业通过发行债券来筹集资金。与银行贷款相比，债券融资通常具有更长的借款期限和更低的利率，这有助于降低企业的融资成本。此外，债券市场的公开性和透明度也有助于提高企业的信誉和知名度。众筹作为一种新兴的融资方式，近年来也受到了越来越多中小微企业的青睐。通过众筹平台，企业可以向大众筹集资金，这种方式不仅门槛低、效率高，而且能够帮助企业测试市场反应，为产品的后续推广和销售打下基础。

（二）加强与金融机构的合作

加强与金融机构的合作，对贵州的中小微企业来说，是获得稳定融资支持、推动企业持续健康发展的重要途径。中小微企业应充分认识到与金融机构建立长期稳定的合作关系的重要性，并付诸实践。中小微企业要主动出击，与各类金融机构如银行、保险公司、担保公司等建立起互信互惠的合作关系。通过深入了解金融机构的产品和服务，企业可以选择最适合自己的融资方案，从而争取到更优惠的融资条件和更高效的融资服务。这种合作关系的建立，不仅能够为企业提供稳定的资金来源，还能在企业面临资金困境时提供及时的金融支持。除了融资支持，与金融机构的合作还能为企业带来更多层面的帮助。金融机构通常拥有丰富的行业经验和专业知识，中小微企业可以通过与他们的合作，获取宝贵的市场信息和业务指导。这些专业知识和资源的共享，有助于企业更好地把握市场机遇，规避潜在风险，进而提升自身的发展潜力。此外，与金融机构的长期合作还能提升企业的信誉和品牌形象。金融机构的认可和支持，无疑是对企业经营能力和信用状况的肯定，这将有助于企业在商业合作和市场竞争中占据更有利的地位。

（三）利用互联网金融平台

互联网金融平台已经成为众多贵州中小微企业解决融资难题的新途径。互联网金融的快速发展，特别是 P2P 网贷、众筹等模式的兴起，为中小微企业提供了前所未有的融资便利。这些平台以其门槛低、效率高、覆盖面广等优点，正在改变着传统的融资格局。首先，互联网金融平台的低门槛特性，使得即便是规模较小、抵押物不足的中小微企业也能有机会获得融资。相较于传统银行贷款的高标准和烦琐手续，互联网金融平台更加灵活和包容，更侧重于评估企业的经营状况和未来发展潜力。其次，互联网金融平台在融资效率上具有显著优势。传统融资流程可能涉及多轮谈判、审批和等待，而互联网金融平台通过线上操作、大数据风控等技术手段，大大简化了融资流程，缩短了资金到账时间。这对于急需资金周转的中小微企业来说至关重要。最后，互联网金融平台的覆盖面广泛，能够连接全国各地的投资者和融资者，打破了地域限制。这不仅增加了中小微企业的融资机会，还促进了金融资源的合理配置。小微企业融资能力的策略如图 8-1 所示。

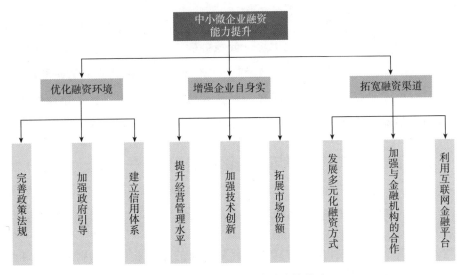

图 8-1　中小微企业融资能力的策略

第五节　贵州中小微企业融资与财务管理的结合

一、融资策略与财务管理的关系

在贵州，中小微企业的融资策略和财务管理之间呈现出相辅相成关系。融资策略作为企业为了实现经营目标而精心策划的资金筹集方式和渠道，并非孤立存在的，而是需要紧密结合企业的财务状况和资金需求。这种策略的制定，不仅关乎资金的筹措，更涉及资金使用的合理性和效率。财务管理，作为对企业资金运动进行全面管理和控制的关键环节，其有效性直接关系到企业的资金安全、流动性和盈利能力。在贵州，许多中小微企业往往因为未建立科学、系统的财务管理体系，导致资金运用效率低下，甚至在不经意间出现资金的流失和浪费。这不仅影响了企业的正常运营，更可能对企业的长期发展造成不良影响。将融资策略与财务管理紧密结合，意味着企业在策划融资活动时，需要充分考虑到自身的财务状况、资金需求以及资金的使用效率。通过科学的财务管理，企业可以更加精准地把握资金需求，制定合理的融资计划，避免盲目融资带来的资金压力和财务风险。同时，有效的财务管理还可以提高资金利用率，确保每一分钱都能用到刀刃上，从而推动企业稳健发展。因此，对于贵州的中小微企业来说，将融资策略与财务管理相结合，不仅可以更好地筹集资金，更能提高资金利用率和管理水平，为企业的长远发展奠定坚实的基础。

二、融资方式的选择与财务管理的配合

（一）考虑企业自身的财务状况与需求

中小微企业在选择融资方式时，首要考虑的是企业自身的财务状况和经营需求。财务状况包括企业的资产、负债、收益等关键财务数据，这些数据直接反映了企业的偿债能力和运营状况。例如，若企业拥有稳定的现金流和较低的负债率，那么它可能更倾向于选择债务融资，如银行贷款，因为这种方式通常能提供较低成本的资金，并且不会稀释股东权益。同时，企业的经营需求也是一个重要的考虑因素。如果企业需要快速扩张或进行大额投资，那么可能需要考虑股权融资或众筹等方式，这些方式可以筹集到较大量的资金，而且不需要定期偿还本金和利息。而对于那些只需要短期流动资金周转的企业，短期贷款或商业信用可能更为合适。

（二）分析不同融资方式的特点与适用范围

不同的融资方式各有其特点和适用范围。债务融资，如银行贷款或发行债券，通常具有较低的融资成本，但会增加企业的财务风险，因为需要定期偿还本金和利息。此外，债务融资通常要求企业提供抵押或担保，这对于一些资产较轻的中小微企业来说可能是一个挑战。股权融资，包括向风险投资公司、私募股权基金等出售股权，可以为企业提供长期的资金来源，且没有定期偿还的压力。但股权融资会稀释股东权益，可能导致控制权的分散，而且通常需要支付较高的融资成本，如股息分配、股票发行费用等。众筹是一种新兴的融资方式，适用于创意项目或初创企业。众筹的优点是筹款门槛低、

筹资周期短、可以吸引大量小额投资者。但众筹也存在一些风险，如项目执行风险、信息披露风险等。

（三）加强财务管理的角色与重要性

在选择合适的融资方式的过程中，财务管理发挥着至关重要的作用。首先，财务管理部门需要为企业提供准确、及时的财务信息，帮助决策者全面了解企业的财务状况和经营成果。这些信息是评估企业偿债能力、运营效率和盈利能力的重要依据，也是金融机构或投资者决定是否提供融资的关键参考。其次，财务管理部门应积极参与融资策略的制定和执行。他们需要根据企业的财务状况和市场环境，分析不同融资方式的成本和风险，为决策者提供科学的建议。例如，在利率较低的市场环境下，财务管理部门可能会建议企业采取债务融资方式以降低成本；而在市场不确定性较高的情况下，他们可能会推荐更加灵活的股权融资方式。最后，财务管理部门还需要加强对资金的管理和监控。他们需要确保资金按照计划使用，防止挪用和浪费。同时，他们还需要定期评估融资项目的执行情况和资金使用情况，及时向决策者报告潜在的风险和问题。表8-1为贵州中小微企业融资与财务管理的结合点。

表 8-1　贵州中小微企业融资与财务管理的结合点

融资方面	财务管理方面	结合点
融资渠道选择	资金需求分析	根据企业资金需求，选择合适的融资渠道，如银行贷款、股票权融资等
融资成本评估	融资成本预算	评估不同融资渠道的成本，制定融资成本预算，确保融资活动的经济效益
融资风险控制	风险评估与管理	通过财务管理的风险评估工具，对融资活动进行风险控制，降低融资风险
融资风险控制	财务数据分析	利用财务数据分析，为融资决策提供有力支持，确保融资活动的科学性和合理性
资金使用计划	预算管理与控制	制定详细的资金使用计划，通过预算管理确保资金使用的合理性和有效性
融资效果评估	绩效评估与反馈	对融资活动的效果进行定期评估，及时调整融资策略，提高融资效果

三、财务管理在融资过程中的作用

（一）提供准确的财务信息

中小微企业在申请融资的过程中，提供准确、真实的财务信息是至关重要的一环。这些财务信息不仅是金融机构评估企业信用状况和还款能力的重要依据，更是企业与金融机构建立互信关系的基石。为了确保财务信息的真实性，中小微企业应首先建立完善的财务管理体系。这一体系应包括规范的财务制度和流程，确保每一笔交易、每一份报表都经过严格的审核和确认。此外，企业还应加强对财务人员的培训和管理，提高他们的专业素养和职业道德，从而确保在编制财务报表时能够严格遵守相关会计准则和法规。同时，中小微企业要注重内部控制和审计。通过建立有效的内部控制机制，企业可以及时发现并纠正财务信息的错误和不实之处，确保财务信息的准确性和完整性。而定期的内部审计则可以帮助企业检查财务管理体系的运行效果，及时发现潜在的问题和风险。在提供财务信息时，中小微企业还应注重信息的透明度和可读性。财务报表应清晰明了地展示企业的财务状况、经营成果和现金流量，方便金融机构进行全面、客观的评估。同时，企业也应积极回答金融机构的询问，提供必要的补充信息和解释，以增强金融机构对企业的了解和信任。

（二）优化融资结构

优化融资结构对于中小微企业来说，是提升财务健康度和运营效率的关键步骤。财务管理在这一过程中发挥着举足轻重的作用，它能够协助企业深入剖析各种融资方式的成本效益与潜在风险。例如，股权融资可能会稀释股东权益，而债务融资则可能增加企业的财务杠杆和偿债压力。通过财务管理的精准分析，企业能够根据自身的发展阶段、行业特点以及市场环境，选择最适合的融资组合。这种优化后的融资结构，不仅可以降低企业的融资成本——比如，选择低利率的贷款产品或是有利的股权交易条件，还能提升资金的使用效率。此外，合理的融资结构还能增强企业的财务稳健性。通过分散融资来源，企业可以减少对单一融资渠道的依赖，从而降低财务风险。同时，优化的融资结构也有助于改善企业的信用评级，进而在未来融资时获得更优惠的条件。

（三）加强资金监控

在中小微企业的融资过程中，加强资金监控是确保资金有效、合规使用的关键环节。财务管理部门在这一过程中扮演着举足轻重的角色，其核心任务就是要建立起一套严格的资金管理制度。这套制度需要明确资金的使用范围、审批流程以及相关的监督机制。每一笔资金的流入和流出都应有明确的记录，每一笔支出都应经过严格的审批。这样做不仅可以确保融资资金能够按照既定的计划使用，还能有效防止资金的挪用和浪费。为了实现这一目标，企业需要借助现代化的财务管理系统和工具，以实时监控资金的使用情况。这些系统能够提供准确的数据分析，帮助财务管理部门及时发现资金使用的异常和风险点。此外，定期的内部审计也是加强资金监控的重要手段。通过内部审计，企业可以检查资金管理制度的执行情况，评估资金使用的效率和效果，从而及时调整策略，确保资金的安全和合规性。总的来说，加强资金监控是中小微企业融资管理中不可或缺的一环。通过建立严格的资金管理制度，利用先进的财务管理系统和工具，以及定期进行内部审计，企业可以确保资金的合理、高效使用，进而推动企业的健康、稳定发展。

（四）评估融资风险

在中小微企业的运营过程中，融资风险是一个不容忽视的问题。财务管理作为企业管理的重要组成部分，其在评估融资风险方面发挥着至关重要的作用。通过深入分析企业的财务报表、经营数据以及市场环境，财务管理团队能够对企业未来的财务状况进行合理的预测，并据此评估融资活动中可能遇到的风险。这些风险可能包括市场利率的波动、偿债能力的变化、信用风险的提高等。例如，当市场利率上升时，企业的债务融资成本可能会增加，这对于已经进行或计划进行债务融资的企业来说无疑增加了财务风险。同样，如果企业的偿债能力下降，可能会导致债权人提前收回贷款或提高贷款利率，从而进一步加剧企业的财务压力。为了及时发现并应对这些潜在的财务风险，财务管理团队需要密切关注市场动态和企业的经营状况，定期进行财务风险评估。一旦发现潜在的风险点，就应立即制定应对措施，如调整融资策略、优化债务结构、加强现金流管理等。

参考文献

[1] 蔡中亚，李正旺. 互联网背景下中小微企业融资的新模式研究［J］. 商业观察，2023，9（35）：21-24+28.

[2] 陈玉涵. 微观经济视域下小微企业供应链金融模式优化研究［J］. 商场现代化，2023（20）：147-149.

[3] 陈月，沈丽萱，吴琳璁，等. 数字金融赋能中小企业融资创新的机理与路径研究［J］. 商展经济，2024（05）：161-164.

[4] 陈月. 互联网金融对中小企业融资的影响及优化对策［J］. 商场现代化，2024（07）：141-143.

[5] 崔智斌. 社会信用、金融资源配置与中小企业破产风险［J/OL］. 统计与决策，2024（07）：156-160.

[6] 杜宇玮，周长富. 重视优化中小微企业金融供给［J］. 群众，2021（24）：42-43.

[7] 段磊. 数字经济下的金融担当［J］. 甘肃金融，2021（12）：16-18，15.

[8] 顾雨霏. 提供高质量金融服务 助推中小微企业"活"力绽放［N］. 中国食品报，2024-04-12（001）.

[9] 郝飞. 加强融资信用服务平台建设 为中小微企业提供更便捷的融资服务［N］. 农村金融时报，2024-04-15（A02）.

[10] 何青. 新发展格局下的金融结构优化［M］. 北京：中国人民大学出版社，2022.

［11］胡革金．积极作为　持续提升金融服务实体经济质效［J］．中国农村金融，2021（16）：47-49.

［12］胡争光，卢卓蕾．中小企业数字化与供应链金融融合发展研究［J］．商展经济，2024（06）：126-129.

［13］黄凌灵．我国股权众筹运作机制设计问题研究［M］．北京：中国政法大学出版社，2018.

［14］黄尉洲．数字普惠金融与中小企业科技创新［J］．商展经济，2024（07）：97-100.

［15］李旺．经济新常态下中小微企业融资问题分析［J］．现代企业文化，2022（25）：74-76.

［16］廖睿灵．金融服务实体经济成效明显［N］．人民日报（海外版），2024-04-22（003）.

［17］廖怡琳．我国数字普惠金融发展现状、问题与对策分析［J］．市场周刊，2023，36（06）：57-60.

［18］刘刚，朱林森．基于区块链技术的供应链金融创新发展研究［J］．吉林化工学院学报，2021，38（12）：81-86.

［19］刘雯．中小企业融资风险管控策略探讨［J］．中国农业会计，2024，34（08）：75-77.

［20］万敏．深化金融服务　降低融资成本［N］．南昌日报，2024-04-23（003）.

［21］王海涛．"信用+"助力中小企业高质量发展［N］．陕西日报，2024-04-17（009）.

［22］王韵嘉．贯彻新发展理念　促进金融更好地服务实体经济［J］．营销界，2021（28）：1-2.

［23］吴诗怡．数字金融对中小企业创新的影响研究［J］．现代商业，2024（06）：123-126.

［24］吴伟霄，李志民，张子聪．供应链金融对实体经济的影响研究——基于中小企业融资约束分析［J］．区域金融研究，2023（03）：13-20.

［25］吴雨婷，李铃珊，栗林芝，等.“互联网+”背景下小微企业融资模式创新［J］.农村经济与科技，2021，32（12）：134-135.

［26］谢晓燕，庄家乐.供应链金融对中小企业绩效影响研究［J］.合作经济与科技，2024（14）：97-99.

［27］杨倩雯.基于区块链的中小企业跨境保单融资模式研究［J］.财会通讯，2024（08）：130-134.

［28］赵伟杰.金融服务中小微企业推动县域经济发展的思考［J］.山西财税，2022（01）：17-18.

［29］朱广娇.金融支持小微企业护航实体经济发展——“2022天府金融指数”发布会暨金融支持小微企业发展研讨会成功举行［J］.金融博览，2023（02）：30-35.

［30］朱智强，杜松娇.数字金融、银行竞争与中小企业信贷约束［J］.山东工商学院学报，2024，38（02）：95-105.